陳郁如的旅行風景1

華氏零度

作者 陳郁如
圖文協力 謝博明 Robert Schafer

目錄

作者序

旅行的意義

旅行的意義是什麼？好像不寫出答案，旅行就沒有意義。旅行其實可以就只是旅行，可能只是遠離工作壓力，逃離雜惡人際關係，放空大腦，放鬆心情；也可能是勞其筋骨，空乏其身，刻苦四體，探求心靈的更高層次；也可能是為了挑戰極限，追求不可能中的不可能，完成某種設定的艱難任務。

對我來說，身為一個藝術創作者，一生都熱衷於對美的追求，尤其是框架以外的美，那種在自己舒適生活圈以外的美。這個框架不必很大，有人以為要上得了喜馬拉雅山，下得了馬里亞納海溝，北極海游泳，撒哈拉健行，水裡來火裡去才叫打破框架，其實平常下班走捷運三號出口回家，今天決定從一號出口出去，這就走出了框架，或許腳程遠了點，可是可能遇到不同的攤販，看到不同的盆栽，見到不同的鄰居，心態上也不同，那一點不同於平常的美感就在心裡。

那樣的美帶著許多不同的意義，除了視覺上的美感外，還有一種打開心胸，體驗生活的美；那樣的美讓人從外在接觸後，內化到心裡，帶來的是喜悅，是欣賞，是淨化，是更多謙和的生活態度。

我跟 Robert 都熱愛旅行，他從高中教職退休，而我從事寫作，我們沒有老闆的臉色要揣摩，沒有固定的辦公室要打卡，時間彈性，旅行就成了生活的重心，有我們行腳的地方就是我們的家。

在旅行中，我們看到自然的力量，看到世界的美，我們記錄感動的時刻。我們不急著去挑戰世界的極限，只想循著自己的腳步，挑戰自己的框架。一天可以開多遠的車子？可以幾天不洗頭？露營可以多原始？裝備可以多精簡？爬山可以爬多久？多高？每次的探索讓我們對自己更了解，更往前一步。

有些人覺得我們在冒險，但是其實我們很保（怕）守（死），至今沒有經歷過什麼面臨生命威脅的危險，事實上我最接近死亡的一次經驗不在野外，是在洛杉磯的大馬路上被車撞！大自然以它的巍然不屈，又謙和圓融的方式矗立。我們尊重它，了解它，準備周全，不侵犯，不破壞，自然可以相處愉快。其實想想，這準則也適用在人與人之間的關係。

長途路程中，Robert負責開車，我負責在旁邊補水遞食物，有時候還要唱歌、聊天、按摩、講笑話，讓司機不打瞌睡，除此之外就是打開電腦寫作。在寫了七本少年奇幻小說後，我開始想把這些旅行經驗記錄下來，把我們拍攝的美景跟大家分享。許多人我們臉書上的朋友常說，因為工作、健康、體能、經濟等原因，讓他們不能出去旅行，而我們的經驗在某方面滿足了他們的夢想，那些美麗的照片帶給他們許多的希望、喜悅與享受。

這些經驗同時也造就我寫作的動力跟靈感，書上很多的橋段跟構想來自實際的旅途，真實生活跟奇幻故事在某種程度上是一體的，是互相刺激有互動的，對我來說，能同時寫下這些旅遊紀實，那更能完滿整個故事。

推薦文

斜槓奇幻小說家的華麗冒險

文／宋怡慧

村上春樹說：有些喜悅是筋疲力盡後才能獲得的。這是我繼續旅行所得到的真理。

一個人的旅行，是創造傳奇；兩個人的旅行，是共譜故事。《華氏零度》恰好圓滿了兩者。

如果說，郁如的奇幻小說是帶著我們穿越時空、行旅文字，找到重新熱愛文學的氧氣，那麼，《華氏零度》是她領著讀者戴上旅行的濾鏡，用嶄新的眼光重新看待萬花筒般的旖旎世界。

「零」是一個有趣、神奇、與眾不同的數字，看似空無，卻是看透世界的開始，也是代表無限的意義，因此，從零開始的《華氏零度》將會以不同的風貌與讀者浪遊天下，寫下從開始到無限的許多可能。

一輛車，裝著華麗冒險的故事，腳步串接夢想的盡頭，讀者跟著作家從這個地點移動到下個地點，我們一起學會的就是「勇敢前進」。

過去郁如善用魔幻又寫實的筆觸，為我們營造多元想像的奇幻小說世界。原來，所有的創思元素都是從這場旅行開始。她用溫熳的步履和一顆安靜的心，不停的在風景罅縫透出的光陽捕捉未知的美好，出走的記憶，繚繞孤獨的空靈，卻讓內在的靈魂自由了，書寫更奔放了。

郁如偶爾被黃帽山獨特的風景吸引而駐足，原來那是《修煉》人物成精的場景；郁如曾經被滿山滿地美麗的牡蠣化石觸動而停留，文字的靈犀讓她與

Robert 尋回自己最真實的模樣，圓了彼此的人生夢；郁如驀然被驚鴻一瞥的野地三溫暖召喚而親臨，她嘗試來個與自然合一的露營，體會天地最初始的樸實與感動，即便輕裝行旅，也得盡力維持自然的原貌。無論你徘徊在哪一段或冷或熱的篇章，都能與對立又協調的環境相遇，就像蘇軾所云：「縱一葦之所如，凌萬頃之茫然」，享受從心升起的閒適自在。

最刺激的情節是兩人在華氏零度低溫的黃石公園野地露營，山景雪景盡收眼簾，人生最低調奢華的享受莫過於此。最驚險的一幕是雪地摔車，讓郁如跨越自己的習以為常，體會到：勇往直前是美德；懂得保護自己是本分，她為我們的行旅寫下進退有度的警語。最特別的是，每篇結束前都有一小段蘿蔔（Robert）老師地質教室的小段，提供我們在感性的文字下，能汲取簡單實用的地質知識，讓這本書呈現情理兼具的特色，不只讓我們能關懷身邊的自然環境，也明白：世界有多大，你的心就有多寬，當你選擇出走，得做好準備離開舒適圈，如此一來，你才會有勇氣為自己換另一種方式去獨享旅行的況味。

當我讀到卷終，腦海閃起電影《心靈印記》的名言：「當我逛遍全世界回到家裡，才發現，奇蹟就在我家花園一片葉子上的露珠裡。」原來，旅行的意義是從出走到回歸，在我們歷經無數次華麗冒險之後，總有人為我們點一盞燈，留一杯茶，溫暖的家永遠都在。

推薦文

當我們望向遠方

文／趙于萱

該怎麼書寫旅行？是喋喋不休的引經據典述說歷史，再附上用了無數特效的照片？還是隨手記下流水帳般的食衣住行，搭配精準的衛星定位座標與網址？也許這兩種方式，都沒辦法真正記錄下關於那段旅程中，帶給自己的感動，更無法打動閱者的心。

當我們望向遠方，心卻通常是反方向的望向自己。於是在每一段漫長緩慢寂靜陌生的旅途中，旅人總在心中反覆思索著各種問題，那些問題可能包含人生、工作、創作……於是總在天地廣闊浩瀚間，柳暗花明又一村的豁然開朗，找到答案發現靈感。

筆者無庸置疑是一名令人期待的新銳作家，而她那些充滿畫面且極其戲劇性的奇幻小說作品，靈感是源於自身許多看似平凡但卻獨特的旅行經驗片段，那通常是從驚鴻一瞥的感動瞬間發想，然後像顆充滿生命力的種子，在腦海中發芽長枝開花，最後綻放成一個又一個令人難忘的絕佳好故事。

像《仙靈傳奇 3：畫仙》中的主角月升，那清新脫俗堅毅卻柔美的樣貌，迷人的劇情架構，就是誕生在筆者某一夜在北國旅行時，面對著遍地靄靄白雪凜冽低溫，望見月亮從遠方山頭升上無垠星空……「我看著看著，很多想法在心裡形成，忍不住要為這樣的感動創作出一個人物」。

又如《修煉Ⅳ：異種再現》中修煉成精的狐狸故事，亦是誕生於美國黃石公園的雪地裡，筆者靜靜等待紅狐現身的那些寧靜屏息時刻中，讓她深思人與大自然之間共生共存、微妙的平衡與期待……「感覺我的人生跟我寫的小說是有連結的，小說中杜撰的人物是帶著我的生活經驗出生的。」

於是我們好奇，究竟什麼樣的特殊旅行經驗，能帶來如此豐沛多元的奇幻小說作品？而一個奇幻小說家，又如何透過旅行中的點滴感念來挖掘靈感、觀看自身、窺探生命？所幸終於筆者給了我們這樣的機會，透過她書寫的旅行紀錄，打造出旅程與作品之間的微妙關係橋梁，讓閱者得以透過這本書跨越時空，參與了奇幻小說家一次次的精采旅行。

於是，當我們在深夜點起一盞燈，隨著筆者的文字一起望向遠方，看見的世界將比想像中來得遼闊深遠。

推薦文

一個奇幻小說家的旅行紀實

文／賴曉妍

我家孩子是郁如的書迷，而我和她是臉友，有在互相關注按讚和留言的那種。

我倆有許多相似的地方。都覺得說彼此相似是在亂攀關係、都熱愛自己動手弄東弄西、都自稱很膽小卻常常做出一些被認為很勇敢的事、都喜歡長程旅途中一望無際的景色……後來，她回臺灣，特地來我們臺東的家。我們終於見面了。

談天時我告訴她，近年來，我對於旅行的看法、有了很大的轉變。我一直以為，關於旅行這件事，追求的絕對是文化上的體驗，看建築物、逛美術館、逛當地市集……走的是藝文路線。至於什麼大自然的，就算是著名奇景，抱歉恕我看看照片就好。

直到那年夏天，到澳洲內陸自駕旅行，七、八個小時的車程，放眼盡是荒原，偶爾有袋鼠跳過，再沒別的了。而我竟然為這片遼闊深深的著迷，完全睡不著，那時才發現：原來，我是大漠的女兒啊（所以後來真的跑去撒哈拉，再一直推坑郁如要去）！

當時，郁如也大方分享了和丈夫Robert的旅行奇遇。她認為人不要去框限住自己、太早去定義自己。我高舉雙手認同，我和她又多了一個相似之處（心）！

她在書裡說到一個令人半夜看著書稿也要拍手拍到酸的觀念，她說：「每個人冒險的表現方式不一樣，並不是非得水裡來火裡去才叫作打破框架。那樣的美，不只是視覺上的感受，帶來的是更開闊、更謙和的生活態度。」

書中還提到了旅行對於我這種膽小鬼來說的關鍵——害怕。

她精準的寫到：「我學著與這些感覺共存，我不在乎承認自己膽小，不過我儘量不讓這些感覺直接控制我的行為，我試著在嘴裡碎碎念的同時，也拾起滑雪用具，穿上厚（難）重（看）的衣物走進雪地，讓新的經驗帶領我到另一個生命層次，讓恐懼感在心裡底處安靜的保護我。」

旅行的時候，時常會出現一些人事時地物，就連看著都覺得怎麼這麼難、這麼可怕。身體在發抖，而心裡的直覺是……我才不要！但同時又萌生非得試一試的念頭。很矛盾嗎？其實沒有。那是一種在我不敢做這個、也不敢做那個的認知中不停突破自我，總要在蓋棺論定的那一刻，依然能狂傲的心想：「此生的我，整個超有種！」

「每次的探索讓我們對自己更了解，更往前一步。」她說。

這是旅行的意義無誤。

你覺得，一個奇幻小說家寫的旅遊散文會是怎麼樣子呢？

她會說山谷中的乳藍綠色溫泉水是「水底的魚精吃了雪的靈氣，讓他們的眼睛射出不同顏色的光芒，所以水就有不同的顏色……」看到這些笑翻了我，而我確信，這是沒有任何旅遊雜記能辦到的。

甚至，這本有著更多口語的散文書，也帶著小說裡不曾見過的、屬於郁如特有的輕幽默。在暢讀的過程中，讀者能享受其境、並且感染這份不造作的豁達。

遊記何其多，但能傳遞一種類似態度、讓人讀完有種「補底氣」的卻很罕見。

她用一句「瑞塔多（Retardo，白痴的意思）」貫穿全書，是先生 Robert 常對她笑斥的用語。在他們身上我看到的是一對自帶安全感的伴侶，用成熟的方式互相依賴。他們攜手以積極的態度、正面的力量，造就一種此生難忘的經驗結果。

很動人、很浪漫，這就是愛情啊！他們是人生旅途的夥伴，名符其實的「隊友」。

最後，我一定要提醒大家的是：書裡有作者的超辣比基尼照唷！

而這點，是我完全無法用勇氣就能辦到的。

推薦文

說「好」的勇氣

文／謝博明 **Robert Schafer**
譯／陳郁如

你有過這樣的經驗嗎？腦海裡一個細微的聲音在你耳邊碎碎低語，建議你一些超乎常理的歪主意，反常到你根本無法想像自己會去做那樣的事？你有沒有大膽到不顧一切的說好，願意去試試看？而那個簡單的「好」，有沒有讓你的生命轉個彎，帶你到一個從沒經歷過的境界？

跟郁如在一起這幾年，「好」這個簡單的字，讓我們的生活有超出預期的強烈變化。我們喜歡四處探訪，見證大自然的奇妙；我們接觸人群，結交不同特質的朋友；我們一起成長，茁壯，發展共同的興趣，分享愛與尊重，成為彼此最佳伴侶。

這一切都要追溯到三年前，我在一個探戈的舞會上，看到一個安靜漂亮的女子。我從沒有見過她，可是，不知道為什麼，我被她的氣質吸引。我過去請她跳舞，她微笑說好。當時我並不知道，那是她第一次參加探戈舞會，我是第一個邀請她跳舞的人。我們一起跳了一支美好的舞曲，從那之後，我們對於對方的提議經常說「好」，願意接受不同於以往生命經驗的提議。甚至，在二〇一八年，當我向她求婚時，她說出令人雀躍的「好」，這給了我們生命另一個沒有預想到的境界。過去我曾幻想的所謂幸福日子的模樣，已經被新的生活經驗所取代。

我曾經聽過一句至理名言：「如果你已經覺得得到所有，那就太早把自己賣斷。」如果我有神燈可以許願，雕塑我心中最佳伴侶的模樣，或設計出最完美的生活模式，我絕對不會像現在這麼快樂，因為我有限的想像只會限制無限未知可能性。我深深的相信，如果你願意追尋心裡的聲音，那不僅會帶領你完成夢想，也會展現未知的神祕力量。

我們在這本書記錄下共同發展的興趣中，最精采的部分——自駕旅遊。我們經常自發性的展開旅程，隨時打包上路，行程可以從幾天到超過一個月，我的車子一年至少開了四萬多公里，我們生活的三分之一的時間在旅遊上。我非常享受在高速公路上奔馳，發現新的美好的景點，而郁如則在一旁安靜打字寫作，為下一本新書認真創作。那是一種自由的感知，超越任何我曾有過的經驗。

同時，我們的自駕旅遊也給了我更多的機會去深刻鑽研我的另一個愛好——地質研究。我們第一次一起過夜露營就是去加州莫哈韋沙漠，讓郁如見證惡名昭彰的聖安德烈斯斷層帶。我喜歡在每個我們去過的地方做一些當地的地質研究，我的業餘地質知識也將會在下面各章節中做一些簡單的介紹，同時，在書後的附錄部分，也會放一些地球形成的基礎知識分享。

我們常在社群網站上分享我們的旅遊經驗，有不少人給我們意想不到的回應。有朋友說我們給了他希望，有朋友謝謝我們鼓舞了他們的信心，有朋友告訴我們，他決定開始培養新的興趣。這些回應讓我們非常開心，我們非常感恩有健康的身體，有穩定的經濟能力，有彼此支持鼓勵的愛，讓我們可以有自由的心靈享受旅行。我們的關係伴隨著旅行穩定成長，而這一切都來自當年郁如在我邀請她跳舞時說的那句「好」。每個人的心裡都有一把通往幸福命運大門的神祕鑰匙，只要你願意放下成見，對自己也對他人說「好」，大門將會為你而開啟。

The courage to say "YES"

Has a quiet little voice deep inside of you ever suggested something so outrageous that you would never have imagined yourself doing it? Have you ever made the crazy experiment of saying yes? Has that simple answer set your life on a whole new pathway and taken you to places and experiences that you never knew existed? In the few years that Yuju and I have been together, saying yes has transformed our lives in the most wonderful and unexpected ways. We have discovered and visited unbelievable places, met and befriended wonderful people, and grown and flourished in a deeply beautiful partnership of mutual love and admiration. We have reawakened forgotten dreams, shared each other's passions, and discovered new interests together.

It all started about 3 years ago when I noticed a quiet, pretty woman at a tango dance event. I had never seen her before, but somehow, she immediately attracted my attention. I asked her to dance, and she said yes. Although I did not realize it at the time, that was her first evening at tango and I was the first man to ask her to dance! We shared a beautiful dance, and we have been saying yes to each other ever since. Last year, she even said yes when I asked her to marry me! Saying yes has given us a life that we could never have imagined. What I thought was a good life has been replaced by a life that is beyond my wildest dreams. There is a wise saying I have heard; "If you got everything you wanted, you would sell yourself short." If I had the power to create the perfect partner or to design the perfect life, I would never have been as happy as I am today because I would have been limited by what I could imagine. I have come to believe that each of us can find within our heart a universal power and intelligence that will not only guide us to achieve our dreams but even reveal a destiny of which we were totally unaware.

One of the most wonderful discoveries we have made together is the source of this book--our mutual love of road trips. We now make spontaneous decisions to travel for as much as a month or more, then we pack up and leave. We have been putting over 30,000 miles per year on my FJ Cruiser, spending as much as 1/3 of our time on the road. I feel such joy driving down a beautiful highway, discovering new and wonderful places while Yuju sits beside me and works on her next book. It is a sense of freedom beyond anything I have experienced. Our trips have also given me the chance to dive deeper into my passion for geology, and to share that passion with Yuju. Even our first short trip together, an overnighter to Joshua Tree National Park in the nearby Mojave Desert to introduce Yuju to camping, included exploring a segment of California's notorious San Andreas earthquake fault. I study the geology of all the places we visit, and my comments on some chapters include my amateur understanding of what we have learned on our trips. I have also included basic ideas about some fundamental principles of geology in the appendix of this book.

We have shared many of our experiences on social media and have gotten some surprising feedback. People have said that we gave them hope, or that we inspired them, or that they have decided to pursue some interest or activity. These messages are so rewarding; we are deeply grateful for our health, economic stability, and mutual love that allow us to live our free-spirited adventuring life. If we can inspire others to say yes and follow their dreams, then we can repay some of our wonderful good fortune. The growth and unfolding of our relationship and our life and travels together are really just our history of saying yes to each other and to ourselves, starting when I asked the quiet, pretty woman to dance. Yuju said yes, and the doors to our future began to open. In your heart lies the key to your greatest happiness and your true destiny. Say yes and the doors will open for you too!

Robert Schafer

1

第一章

山上的牡蠣

——猶他州漢克斯維鎮外山區

二〇一七年七月，我和Robert去猶他州參加一個山上的探戈節，回程我們走二十四號公路。那是一個朋友建議的，這條路沿著山走，可以更貼近山景，一覽猶他州的紅石山。對Robert來說這條路線太棒了，研究地質是他多（樣）才（樣）多（不）藝（精）的喜好之一，他收藏了一本專門介紹猶他州地質學的書，詳細講解這條路上的各種地質變化。

我們順著二十四號公路往南開，在漢克斯維這個小鎮稍作停留後，取道向西，他開始把車速放慢，東張西望。

「你在找什麼？」我問。八成書上提到什麼玄武岩、砂岩、向斜、背斜之類的岩層地形或變化。我雖然不懂也沒多著迷，不過身為旅行夥伴，一定要適時表現有興趣的樣子，下次人家才要再帶你出來玩。

「我在找牡蠣。」他表情認真的回答。

「先生，我們在科羅拉多高原的沙漠區，等我們回洛杉磯才有牡蠣啦。」我當然知道他找牡蠣必有原因，可是還是忍不住撩他一下。

「瑞塔多（Retardo，白痴的意思），」他的反應也絕對不會客氣的，「這個山區千萬年前在海底，經過地殼變動，現在是山了，所以上面有千萬年前的牡蠣化石，是從白堊紀時代留下來的，書上說就在這附近。」

他對照書上標示的里程數，每隔幾百公尺就停車，下車邊爬山邊找，不知道的人可能以為他的手機掉在路邊了。

「你看這個，像不像貝殼？」他每幾分鐘就會撿起一些東西，要我幫他一起驗證找到的是不是牡蠣化石。

「看起來不像。」我很誠實的說。

雖然我心裡很想說：「這就是了，我們走吧。」外面華氏一百度（相當於攝氏三十八度），只要離開車子冷氣沁涼的呵護，極度的乾熱馬上貼在皮膚上，吸乾你的水氣，燒焦你的熱情。

「我也覺得不是。」他語氣輕鬆並不氣餒，我懷疑他早就知道，只是想測試我有沒有真心誠意幫他看。我很慶幸剛才沒有糊弄他。

就這樣，我們沿路開開停停，到後來實在太熱了，下車的意願都被熱氣燒光了，只想在車子吹冷氣，兩人的對話也更無厘頭。

「我餓了，我們可以吃什麼？」我開始想話題調侃他。

「親愛的，看你想吃什麼。」他真心的問。

「嗯，你不是在找牡蠣嗎？你動作快點，我們中午就可以吃生蠔了！」

「瑞塔多！」

就這樣，我的中餐只得到一對白眼。

終於，他放棄尋找。千萬年前的化石，應該不是路上隨便撿就可以找到的，可能要往深山去，可能要往山頂去，也可能埋在山腹裡，這一大片山區，誰知道會在哪？地質學家一定做了很多田野研究，經過無數次的敲打挖掘才找到，怎麼可能憑我們兩個人在公路開車繞一繞就撿到？

雖然可以看出他很失望，可是我們還是繼續上路往西開去，一路上橘紅、赭紅、深紅、褐紅，各種不同的紅石讓人眼花撩亂，實在很難想像大自然可以這麼多變化。在一堆紅石山區中，我看到巨大的黃色山石，覺得顏色造型很特別，便隨手拍照記錄下來，沒想到這一隨手，後面引出更多的旅行故事。

玩歸玩，書還是要寫，工作還是要做，當時我正在寫《修煉IV：異種再現》，故事中需要一個特別的場景作為來自上古時候的氣血洞，我想到那個隨手拍下來的黃色山石。

這些山石呈粗大的圓柱，整個圓柱分兩半，下半部山石呈灰色，表面有水平狀的刻痕，上半部山石呈土黃色，直徑比下半部略大，看起來有點像一頂帽子包覆著下半部。我在書裡稱之為黃氈之山，是來自上古時代的地形之一。

我有個怪癖，自己寫進小說裡的場景都很想親自去看看，像是《修煉I：動

初次開車經過時，以手機拍下的黃帽山

物精的祕密》寫到陽明山的牛奶湖，我就找機會拜訪了四次，想像書中人物在那裡修煉成精的樣子。

於是在寫完書後，我心心念念想回去好好探索那片黃帽山石。當時開車經過，在行進中拍的照片當然不夠清楚，而且我非常想像書中主角那樣去露營，去健走。

就這樣，在初次造訪黃帽山的五個月後，當別人計劃喝香檳、吃大餐，或是看煙火慶祝跨年時，我忽發奇想，想去猶他州看那些黃色石頭。

這舉動有點瘋狂。為什麼這麼說呢？許多人想像度假放鬆這兩個字，腦海出現的往往是藍天、碧海、沙灘、太陽、調酒、高級飯店、精緻美食、泳裝美女、衝浪猛男這些景象，沒有人會幻想著自己全身發抖僵硬，穿著四件毛衣、三件長褲、兩件外套，外加毛帽、毛襪、手套站在荒郊野外！當時當地的氣溫約華氏二十度（相當於攝氏負六度）上下，一般美國人冬天度假，除非是熱愛滑雪的狂熱份子，不然通常大家都往南跑，往溫暖的地方鑽，很少人會計劃在寒冬中野外露營，基本上那就像是睡在冷凍庫裡，就連大部分的營地冬天也都是關閉的。更何況黃帽山不是什麼著名景點，甚至連景點都稱不上，而且還沒有雪可以滑，只是為了看一些石頭，真是太不符合常理了！

面對我不合常理的提議，Robert 沒有拒絕，他對於我想要做的事都會儘量替我完成。而說實話，他自己內心也帶有冒險的因子，我們在一起，只是讓這些因子更加發揚光大。

每個人多少都渴望冒險，那就像是動物的本能吧！遠古狩獵時代的人，不可能待在山洞裡等著食物上門，一定要走出洞穴，投入外面的世界，接受挑戰。而每一次的挑戰跟探險則讓人們更堅強，更了解自我，對於未知的世界更有信心與勇氣。

只是每個人嘗試冒險的方式不一樣，有人在手遊電玩的廝殺中得到冒險的快感，有人在雲霄飛車的高速進行中得到速度的快感，有人在高山峻嶺的攀爬中得到征服的快感，有人覺得離開家裡和辦公室、走出戶外就是冒險，有人則非得要上山下海才能得到滿足。就像「心」這個字一樣，三個點不一樣的高低，不一樣的位置，不一樣的角度。

對於不同的冒險方式，不需要比較，不需要批判，只要找到適合自己和安全的方式，那就是最好的方式。曾經有人質疑登山活動的正當性，認為如果發生山難會造成社會成本。但是我覺得，與其害怕山林，遠離山林，或是對大自然產生恐懼，不如走進其中試著了解，用知識的力量保護自己，同時也保護這個世界。

就像我們知道車禍很危險，可能造成受傷或死亡，但是預防的方法不是叫大家都不要開車了，而是讓大家知道交通規則，每個開車上路的駕駛都要遵守，把危險性減低。

這次為了前往寒冷、沒有飲用水的地方，我們做了周全的準備，帶上禦寒的衣物。除了本來的雙人睡袋外，又帶上兩個新買的冬季羽毛睡袋，額外的毯子等等。對我們來說，旅行的第一條守則是安全，事前的準備非常重要。這點我很佩服Robert，他很注重細節，寧可花時間、花錢做好準備也不肯妥協。英文中有一句：Better safe than sorry，中文也有「不怕一萬只怕萬一」，總之，出門一趟能平平安安回來，那就達到最重要的目的了。

做好準備，我們開車上路。從加州洛杉磯開車前往位於猶他州的黃帽山區，中間完全不停大約要十小時車程，不過這不是我們旅行的作風，不要說別的，總是要停下來加個油，上個廁所，尤其現在年紀大了，還要記得活動一下筋骨，讓坐骨神經不要作古去了。Robert又特別喜歡在行程中加入行程，因此我們第一夜行經化石瀑布（Fossil Falls），拜訪古老瀑布遺跡；第二夜去內華達州一個廢棄溫泉（對，內華達州不是只有賭城拉斯維加斯）；第三夜在內華達州邊界附近的山路野地露營跨年，然後隔天元旦一早發現車子不能發動，經過這些狀況，又開了一整天的車，終於在我們離開洛杉磯的第四個晚上，到達猶他州二十四號公路的黃帽山區。

到達時已經是晚上了，戶外溫度比公路號碼還低，可是我卻難掩興奮。第一，幾個月前我隨手拍下黃帽山的照片，事後我只知道在二十四號公路上，可是不知道確切地點。那山石不是景點，沒有名稱，沒有地名，要再找到同樣的地點並不容易。二來，我們常常去了某些比較遙遠，比較特別的地方，雖然留下美好的記憶，心裡想著：以後一定要再來！可是現實生活中，可能經濟不允許，可能時間不允許，就算有錢有閒，可是人總想著要去不一樣的地方，所以那個「以後」常常不會再發生。

而現在，這件事居然發生了！Robert 實現了我的一個小小的夢想。他不計較天氣冷，要帶一大堆裝備出門，不介意他其實想去的是元旦探戈節，跟我來到荒郊野外，就是要幫我圓一個小小的夢。

入夜後的黃帽山區

我的夢想不大，也往往不是在物質方面的。我不需要豪華的房子、嬌貴的車子，或是名牌衣服，只要有地方住，可以放我的書跟畫，有車子可以帶我到我想去的地方，有衣服可以穿出去見人，有包包可以把錢收好，這樣就可以了。可是有時我會有些不切實際的夢想，說起來這樣的夢想也不是沒人做過，多少人爬過喜馬拉雅山？也時常聽見有人挑戰極地探險，我還沒有想要經歷那些，只不過去國家公園看雪景又算得了什麼？更何況重回猶他州的一個山區看大石？可是現實中，有時候簡單的事並沒有那麼簡單，少不了許多天時地利人和的要求。而這次，我何其幸運，我的一個夢想實現了。

Robert 把車開離道路，直接駛過崎嶇不平的山路，來到山石下。當時天色已晚，月亮已經出來了。那天是滿月，沒有光害沒有空汙，銀色的光芒灑在山石上，帽子一般的黃色山石染上了一層銀白色的光芒。攝影是 Robert 另一項多（樣）才（樣）多（不）藝（精）的喜好，他看到眼前的美景，攝影魂上身，立刻搬出腳架相機。

「你來幫我一下，拿著這個燈，走到山邊去，我好對焦。」

「喔，好。」我口中嘟囔著，心裡的聲音是：天啊！好冷啊！跟上次造訪時相比，相差八十度耶！身體裡面每個細胞都在跟我抗議它們快要結冰了，可是我可不敢有任何異議，畢竟是我提議要來的。

我提著燈，哆嗦著腳步，依照攝影師的指示，向山壁方向走去。

「好了，停，把燈放在地上。」

我乖巧的依照指示，把燈放在地上。

就在這時候，我彎下腰，看到燈旁邊有一些圓圓的東西。正當他在我身後認真對焦時，我撿起那些圓圓黑黑的東西認真看著。

「Robert！快來看，這些……好像是牡蠣耶！」我大叫。

「我看看！」他專心拍照時最不喜歡被打斷，可是還是很有禮貌的走過來，看我手上的東西，「這不是牡蠣啦，應該是一些乾樹果。」說完便回去認真拍照。

我不甘心，走到別的角落仔細尋找。沒錯，這些不是樹果，是貝殼類的物質！

等他拍完照，我拉著他到處看，他仔細瞧了瞧後說：「這些真的是牡蠣化石！」

經過他的證實，我們都好震撼！半年前，我們怎麼也找不到的牡蠣化石，現在居然在這黃帽山區找到了。這中間的緣分太奇妙了！因為陪著他找牡蠣化石，所以我拍到黃帽山；而因為我想來黃帽山，所以他找到牡蠣化石。

我們兩個忍不住緊緊擁抱，心情無比悸動，看著地上的牡蠣化石，望著我書中描述的黃帽山，我們不僅幫對方圓夢，也幫自己圓夢。

第二天我們早早起床。因為實在太冷了！室外溫度是華氏十一度（相當於攝氏負十一度）！被我們帶進帳棚的水瓶，裡面的水都結冰了。在冰天雪地的天氣

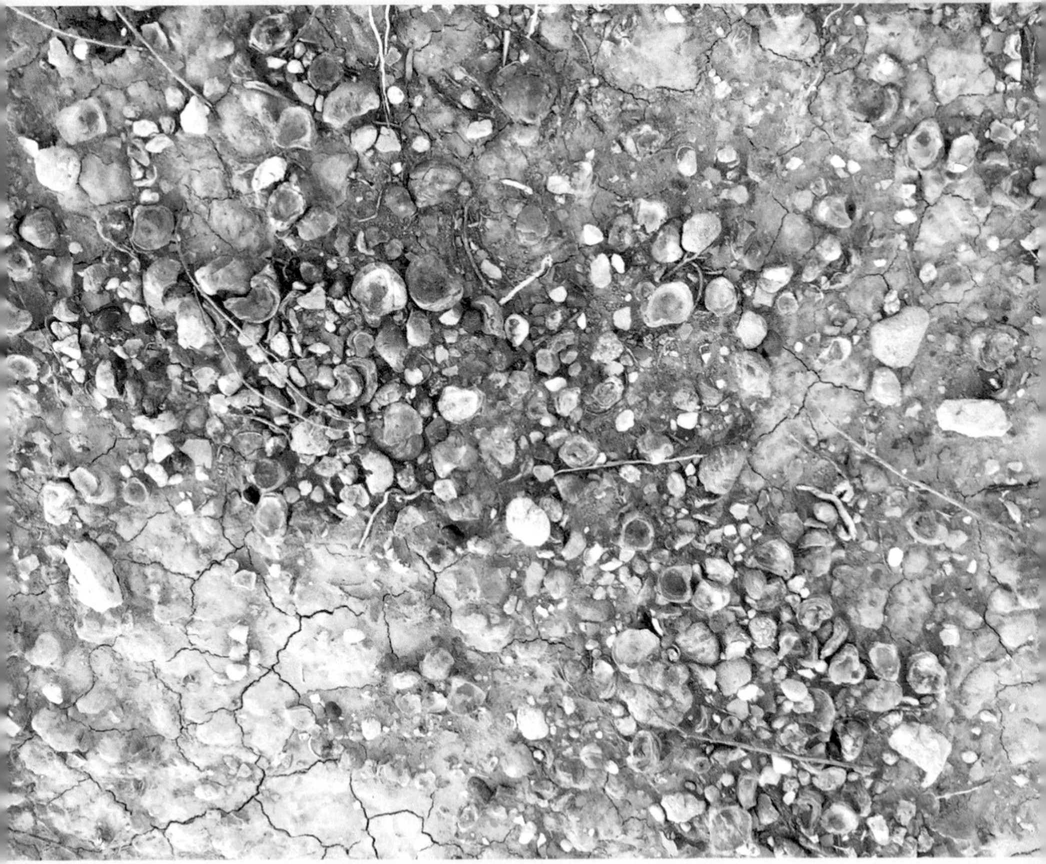

滿山滿地的牡蠣化石，見證地殼的變動
曾為滄海，現為山巒

裡露營，若是想要喝一口水，就要記得把水瓶放進冷藏箱保溫。雖然聽起來怪怪的，不過冷藏箱不僅隔熱，也有隔冷作用，所以可以確保水不會結凍。我們剛開始沒注意到這個問題，買了汽水直接放車上，結果汽水結凍後體積膨脹，撐破瓶蓋，第二天開車上路，車子裡的暖氣讓結凍的汽水融化，後座地墊都泡在糖水裡了！

在寒冷的野外露營沒辦法睡太晚，但這裡的美景也讓人捨不得多睡。我們出了帳棚，望著眼前的黃帽山，黃帽山石正對著東方，當太陽冒出山頭，第一道曙光射過山谷，灑在黃帽山上，只見山石上的黃土漸漸變成金黃色的，隨著太陽高升，金粉鍍上帽頂，陽光普照下來，黃土帽變成黃金帽，一整個金光耀眼，美極了！

Robert 泡了咖啡，煮了麥片。我們簡單吃完早餐，一起去爬黃帽山，爬到山頂才發現，原來整個黃帽的部分，都是黃沙跟牡蠣化石所組成的，經過雨水的

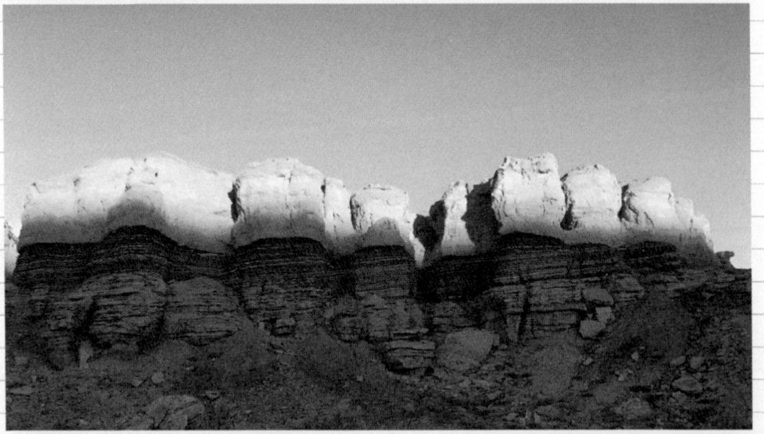

晨光染上黃帽山，
隨著太陽高升，黃
帽山也浸在陽光中

沖刷，部分的牡蠣裸露出來，被帶到山下，也就是我們昨天拍照的地方。這整個黃帽山區都是牡蠣化石形成區，我跟他找的東西，原來是在一起的！

這裡的牡蠣化石非常多，多到當地政府建路開路時就地取材，把這些山石、砂礫，連同裡面夾雜的貝殼一起磨碎混在柏油中用來鋪路，所以這些牡蠣化石並未列入保護。我們查過資料，確定沒有違反任何規定後，在不破壞環境的前提下，取了一些牡蠣化石回家。

幾個月前，我初次看到黃帽山的景色，激發了靈感，寫進書中。如今我又回到黃帽山，不僅重溫當時的景色，還意外找到牡蠣化石，而這些化石又給了我更多的靈感，我再度把它寫入書中，增添故事的劇情。整段旅行好像一個圓，起始於此，然後又回到於此。

這些牡蠣化石雖然不是什麼貴重值錢的東西，但是對我來說意義重大，不僅寫出有趣的故事，也讓我跟 Robert 的連結更進一層。我特地請 Robert 幫忙，在其中一個牡蠣殼上打洞穿線，像書裡的女主角那樣，把它做成項鍊戴起來。後來回臺灣演講時，還特地帶了一些化石回去，讓讀者們也可以看看這些故事靈感來源的原貌，有幾個幸運的同學甚至還可以拿到牡蠣化石當小禮物。看到孩子們既好奇又興奮的研究著化石，或者搶著舉手回答問題，希望可以得到小禮物那種熱切的表情，真的很讓人感動，讓我跟我的讀者也建立了更深一步的連結。

人世間的緣分就是這麼奇妙，不管是人與人，還是人與物，什麼時候會遇到，什麼時候不會遇到，都有它的時機。很多時候，努力半天不見得能達成心願。太過在意自己的需要，太全心投射自己的欲望，忘了自身之外的人事物，反而容易失敗，不如試著放下自我，看向他人、成全他人得到的更多。這個「得到」通常不是金錢或物質上的，而是一種心靈上的滿足。這次的旅行讓我們看到緣，也是圓，黃帽之山是旅行結束的終點，也是開始的起點。

geology notes

蘿蔔老師的地質教室

猶他州的黃帽山可追溯自白堊紀時期，當時北美洲的中央有一道比較淺的海水域穿過，北從北極延伸到南邊的墨西哥灣，西從洛磯山脈到東岸的阿帕拉契山脈。洛磯山脈跟阿帕拉契山脈上的河流帶著沉積物流進中間的淺水海域，隨著時間的累積形成堅硬的岩石，而當時的北美洲又位於赤道附近，溫暖的熱帶水域非常適合牡蠣生長。

千萬年後，北美板塊在大西洋海底層擴張推擠下，撞上太平洋板塊、往北移動，導致原本中央的淺海底層上升，形成今日北美西部的山區，再經過雨水長時間的沖刷，源自恐龍時代的牡蠣化石就出現在我們經過的黃帽山上了。臺灣位於菲律賓海板塊和歐亞大陸板塊的交界處，也許在未來的許多年後，也可以看到像黃帽山這樣特殊的地質風貌！

2

第二章

野地露營的二三事

—— 猶他州溫泉鄉

路過黃帽山隨手拍下的照片讓我們回到黃帽山，同時也意外開啟另一段旅程。

之前每次去美國的國家公園，看到園內手冊上的冬景照片，那些白雪覆蓋的壯麗奇岩，雪地活動的動物特寫，總是讓我驚豔不已。

「唉，好可惜，國家公園冬天不開放。」我嘆了長長一口氣。

「國家公園整年開放的喔！只是有些道路會封路，要用其他方法入園。」Robert 回答。

真的假的？我的眼睛亮了起來。「我好想看黃石公園的雪景喔！」

「好啊，上次那趟去黃帽山，我覺得我們有能力用野地露營的方式在冬天旅行！」Robert 自信滿滿的說，「既然要北上去黃石公園，不如繼續往上開到加拿大，我一直很想去看極光。」

我也很想看極光，可是冬天去加拿大？我 google 了加拿大有名的極光聖地——黃刀鎮的溫度，攝氏零下三十度！我是不是開了一個不該開的盒子啊？沒事提什麼冬天看雪景？我們可不可以夏天去看？

馬上一對白眼伺候。

Robert表現得興致勃勃，著手添購前往極地旅行的裝備。首先是車子，電瓶、雨刷、輪胎、避震器，統統升級，還自己裝設引擎加溫器。另外又在Amazon上訂購手腳暖暖包各四十雙、保溫瓶、雪靴、雪靴鍊釘、充電器等等。那幾天，家裡好像在過耶誕節，天天有包裹送到，天天開禮物！每開一次箱就開始想像，當我們在寒冷極地看極光時，這些東西將會如何保護我們，讓我們有萬全的準備去享受美景！

我們花了兩天的時間打包，細心準備各項保暖用品和裝備，然後在一月底的星期五晚上終於上路。

第一晚，我們在十五高速公路一個森林管理處旁邊的路上紮營過夜。美國山上有不少這樣的道路，路口標示會仔細寫明規則，包含可不可以露營、生火，或者可不可以帶寵物，需要注意什麼大型野生動物。這樣的道路人煙稀少，只要找到安全的平地，不阻礙交通，不會破壞生態，就可以就地紮營。在這種地方露營是免費的，不過先別高興得太早，因為那同時也等於沒水、沒電、沒廁所、沒野餐桌、沒升火區，什麼都沒有。美國人稱之為原始露營（primitive camping）或野地露營（dispersed camping），我們還滿喜歡這樣的露營方式，雖然行為刻苦，心靈卻很自由。

看到這本書的讀者應該跟我差不多，都住在有水、有電、有瓦斯，裡面有廁所、廚房、客廳、床鋪的房子，或許還有更好的設備，像是冷氣、暖氣、電梯、管理員等。想要洗澡，水一開就來，冷熱隨你調；天暗了就開燈；無聊了打開手機，就有人喜歡你的發言；餓了冰箱裡有食物，或是爐臺一轉就有火；衣服髒了就丟洗衣機，不得不承認科技為現代人帶來方便的生活。

可是人類也很健忘。忘了如何與大自然相處，忘了我們也是來自大自然，科技的方便讓我們變得依賴，不自覺的把自己隔絕在自然之外，有些人甚至對於野生動物有不必要的恐懼，老是覺得牠們看到人類就是要攻擊我們；對於山林有過多的排斥，認為上山下海是一種高度危險的活動；對於在戶外生活的不便有過多的障礙，限制自己擁抱自然。其實如果能有足夠的認識跟準備，我們是可以跟大自然和平共存的，甚至從中學習到如何欣賞野生動物，不會打擾到牠們，也不會被傷害；如何享受山上的清淨寧靜，而不會失去方向而有危險；如何用最簡單的資源來滿足生活的基本需要，而不會因過多的物質而迷失。

野地露營是跟大自然直接接觸的一種方式。它不像我們平日出去玩，只會待上幾小時，而是要在這個土地上解決所有生理需求。想一想，不管你的身分多麼富貴，資質多麼優秀，多脫俗的美女，多憤世的文青，當你面對基本的生命要求時，其實都是一樣的。所有人面對大自然時，一切都是平等的。要如何在這樣原始，沒水、沒電、沒有人工設施的環境下生存，靠的是心態，是事前的準備，以及對自己跟自然的了解與尊重。

以「水」來說，現代人已經不喝大自然中的水了，不論湖水或是溪水，都要先經過煮沸或過濾。野外露營時，我們雖然也有準備過濾水的特殊用具，不過通常還是習慣自備飲用水，或在有供給飲用水的地方事先裝好。

水除了喝，還要用。但是車子內的空間有限，不可能帶上每天所需，所以用的時候自然要節制，不能像在家裡那樣，一打開水龍頭就有嘩啦嘩啦的自來水可用。要是雙手不小心沾到泥巴呢？抹在褲子上擦一擦就好。

至於「電」，車子開動時，要記得順便為手機充電，不然就得多帶幾個行動電源。其實也不用太擔心手機沒電，因為那種地方通常沒有訊號，手機除了照相和當手電筒跟時鐘外，你不會多看它一眼。你講冷笑話時，旁邊的那個人真的會笑，而不是只看到 XD 的表情符號。難得來到大自然的環境，還是先把手機放在一旁吧！

另外也要事先準備不同尺寸容量的電池，大自然裡沒有燈，手電筒可以讓你夜間上廁所時不會被石頭樹枝絆倒，煮飯時不會放錯調味料。其實在有月亮的晚上，月光照射下的大地別有一番魅力。很多時候，我們會關掉手電筒，在星光和月光陪伴下吃晚餐。這並不是什麼浪漫的舉動，就只是為了更加貼近大自然。

上廁所該怎麼辦？小號容易，找個心理上覺得隱蔽的地方就地解決就好。為什麼說心理上？其實那樣的山區，可能好幾天都沒人車經過，在樹叢後或是在大石頭旁邊，其實是一樣的。剛開始要適應這樣沒遮蔽的景觀廁所，總是會覺得彆扭，但有了幾次經驗後，就會覺得自然的呼喚很平常了。我必須偷偷承認，相較於國家公園提供的那種只有一個坑的簡（骯）易（髒）廁所，我反而喜歡在大自然中解決。

大號就比較麻煩，我到現在都還不習慣，一定要找到廁所才行。根據專家說，正確在野地上大號的方式是：先在地上挖洞，就定位，結束後清潔乾淨，然後就地掩埋。但不管大號或小號，用完的衛生紙絕對不可以留在野外，掩埋也不行，請自行帶走。

刷牙的話，Robert的方式是刷完牙後，把牙膏泡沫連同口水全部吞下去，但我實在是嚥不下去，所以我會吐在垃圾袋裡，直到漱口的水變得清澈才吐在地上。即使沒有人的貧瘠荒山，也要盡力維持它的原樣。

洗澡怎麼辦？愛乾淨的女性讀者可能已經在抓頭髮了。夏天天氣熱，用自已準備的冷水隨便沖一沖是常有的事；至於不容易流汗的冬天，忍個幾天就能撐過去的，不然就是用毛巾弄溼擦拭。荒郊野外沒有人看，自己舒服比較重要。如果真的需要一天洗兩次澡，頭髮得天天造型，上廁所一定要在馬桶上坐一個小時，那就事先預訂附有浴室和廁所的營地，美國國家公園都會有的。

野地露營時，我不能肆意用水，但也因此學會謹慎的使用每一滴水。太陽一下山就身處在黑暗裡，唯一的光源剩下月光，只有在需要精細動作的時候才打開手電筒。為了省電，手機也只能關機，不然第二天不能照相。反正沒有訊號，朋友按再多的讚也看不到，不如抬頭看看星星，在沒有光害的天空中，看見銀河上滿是星斗，心裡只有無限的感動。

我不排斥或鄙視舒適的生活，但是降低物質的欲望，用最原始的方式跟大自然做接觸，那種對世界環境的尊重，以及勞其筋骨，空乏其身的滿足，真的是一種心靈的自由解放。每每我回到城市的家裡，打開水龍頭就有水，食指一彈就世界明亮，按幾個按鍵衣服就洗乾淨，心裡總是特別的感激，不然太過習慣安逸的生活，真的會忘了感恩，會以為生命的美好都是理所當然，會忘了珍惜自己有的一切。

回到我們的極光之行。我們第一夜在北上的十五號公路旁野地露營，早上在一片絢麗的朝霞中醒來，我喜歡在紮營時讓帳棚的開口面向東方，這樣早上躺在被窩裡就可以看日出。溫暖的睡袋包裹著我們，我和Robert聊著即將來臨的旅程，期待北上長途跋涉到加拿大看極光的計畫，想像壯闊炫麗的各色極光在頭頂上游動，搭配著眼前逐漸清晰的山景，橘紅亮眼的天光一片，多麼奢侈的美景啊！

我們收好帳棚，帶著美好心情繼續上路，經過拉斯維加斯，在錫安國家公園的外側開始看到雪景。猶他州獨特的紅岩一直是我的最愛，造型奇峻，顏色多樣。一月底時，純白潔淨的雪仍細細覆蓋在紅岩上，紅白相襯，更是美到令人下巴合不起來。

就在我們停車照相，讚嘆連連時，Robert向著我走來，面色凝重，語氣低沉的說：「我們忘了帶一件東西。」

「什麼東西？」我不經意的回問，同時又多按兩張照片，我們離開洛杉磯兩天，距離大約是從基隆開到高雄再開回基隆。現在有什麼忘記帶的，就讓班傑明福蘭克林[1]解決吧！

「護照。」他語氣無奈的說。

簡短兩個字，我卻一時回應不過來，天啊！怎麼會發生這種事！我們做了萬全準備，居然忘了帶護照！當時我的腦中不斷有回音、尖叫，外加吶喊，他比我先想到這件事，想來他的腦海已經被轟炸過好幾回了。

「怎、怎麼辦？」結巴之外，我當時沒有其他反應，而腦中可以想到的選項有三個，**Robert** 也馬上想到，細細分析起來。

「一，我們可以開車回去拿，可是已經開了兩天的車，再回頭太不值得。二，請人去家裡找出護照，寄過來。可是沒人有我們家的鑰匙，護照放得又隱

1：百元美金鈔票上的人物。

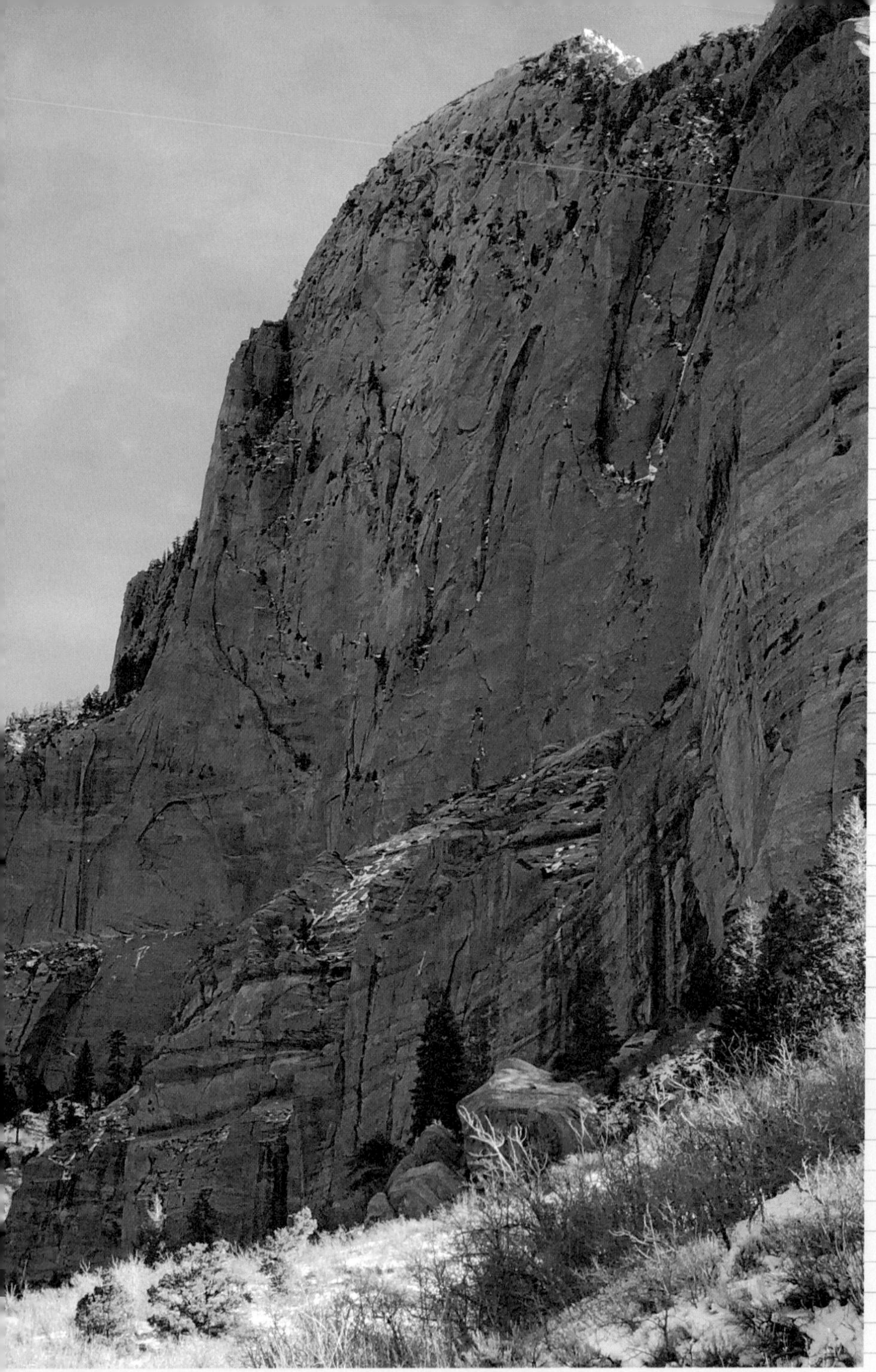

就在這樣的美景下，我們發現忘了帶護照

密，這條路也不行。」Robert繼續說，「三，我們改變行程，這次先不去加拿大，最近我一直在看天氣，接下來十天黃刀鎮都是陰天，雲層太厚不容易看到極光，如果我們等下個月的新月[2]時再去，天氣可能暖和些，氣候也可能會改變。這次我們就把重點放在黃石公園，可以待久一點，欣賞雪景，好好觀察野生動物。」

我快速的想了想，接受他的建議。還好我們一向樂觀，過程沒有遺憾怨懟，也沒人怪罪對方，就是輕鬆接受這樣的安排，然後兩人哈哈大笑，告訴家人朋友我們的行（蠢）程（事），戲劇性的轉變也成了旅行經驗中，另一個難忘的笑點。

旅行中經常遇到這種事情，我看過身邊的好友結伴去歐洲回來後反目成仇；情侶一起旅行卻因為用錢觀念不同而分手；還有母女去日本玩，回來後兩個人好幾個星期不說話。人在異地，很多事不是你事先計劃好就可以保證不會出差錯的。人與人間的感情可以因為誰要坐靠窗的位置，誰要逛寺廟，誰要逛街，誰要早起，誰要在飯店睡到下午一點，這些旁人看起來的小事而變得脆弱。

人生也是這樣吧？你可以做好許多規畫，做好完善的準備，可是還是有許多不在期待中的轉折出現。很多時候，這些轉折帶給我們很多挫折：情感上得不到滿足的挫折，實際上面對困境不知如何解決的挫折，至於要怎麼面對就是每個人的課題了。生氣謾罵是方法之一，只是發洩情緒後呢？很可惜，學校通常不教這些，上知天文，下通地理的知識不能教你如何情緒管理，如何解決問題，而人的一生無處不是意外，要如何面對這些轉變是我們一輩子都要學習的課題。

沒有護照，加拿大當然去不成，我們討論了一下，行程做了一些更動，在去

2：月亮的亮度也會影響看極光的狀況。

黃石公園的途中，先去鹽湖城拜訪朋友幾天。帝米奇跟艾琳是來自蘇聯的一對夫妻，我們四人因為跳阿根廷探戈成了朋友。這對夫婦跟我們興趣很像，除了熱愛跳舞，他們也喜歡登山、健行跟泡湯。

說到泡湯，很多人知道臺灣北投有溫泉，去日本一定要泡湯，但是很少人知道美國的溫泉其實也很多，尤其是野溪溫泉。在我們開始接觸野溪溫泉後，Robert熱衷的買了美國西部各州的溫泉旅遊書，每一州都是厚厚的一本。我們常常按圖索驥，跟著書上的介紹尋找這些藏在深山裡的溫泉。

相較於臺灣那些蓋得美輪美奐，精緻高雅的溫泉飯店，這些野溪溫泉都是露天的。當地人在溫泉口用石頭簡單圍幾個池子蓄水，有時會搭個簡陋的棚子讓人換衣服，有時什麼設備都沒有。許多野溪溫泉是免費的，就算需要收費，也大多一個人收個六、七塊美金，很便宜。但在實惠的價格背後，千萬不要奢望這些野溪溫泉配備什麼高級淋浴間和吹風機，或者準備了各國精緻料理。美國當然也有這樣的溫泉飯店，可是我們更喜歡野溪溫泉那種貼近自然的感覺。

帝米奇夫婦這次帶我們去了兩個溫泉區，一個設備完善，附有停車場、室內暖氣和浴室廁所，裡面有四、五個溫泉池，每個都是游泳池大小，一個人也不過收費七塊美金。即使我們在週間前往，裡面依然滿滿都是人。

另一個則需要花上一整天的時間。尤其是冬天。

位於山裡的 Fifth Water Hot Springs，夏天時車子可以開到登山口再爬上去，但冬天的時候就辛苦了。登山口之前的柏油山路因為沒有剷雪而封路，車子不能進入，就算車上有雪鍊也不行，所以在山下就得徒步前行。我們除了穿著防滑的雪靴外，還得套上雪鞋鍊釘。

剛開始上路，我們一行四人被滿山皚皚白雪的美景所吸引，柏油山路不算陡，路面寬廣又沒有車，三不五時空中還飄下雪花，好不美麗愜意啊！當時氣溫約攝氏零度，不算太低，加上我身上穿戴著外套、帽子、手套、圍巾、毛內衣、

鋪滿雪的柏油路夏天時是開
放車子開上山的，遊客不需
要這麼吃力的自己走上山

將雪鞋鍊釘套在鞋底，
可以更輕鬆的走在溼滑
的冰上

毛長內褲、防水外褲，肩上還背著背包，四周雖然是雪，可是走著走著還是會熱，讓我頻頻脫下圍巾、外套呢！

走了一個多小時，終於走到登山口，我們在這裡停下來替雪靴套上雪靴鍊釘。這東西太好用了！只要套上後就不怕腳下的白雪變成冰，在那天不算太冷的天氣裡，雪融化後路面會滑，加上山坡陡峭，若沒有鍊釘很容易滑倒。

從這裡開始路變難走了。一來裝備重，之前大部分是 Robert 一個人背所有的東西，可是那天因為準備了泡湯用具，所以我的背包反而更重。二來山路本來就陡，覆蓋上冰雪後更加難行，即使套上鍊釘有些路段還是會滑。加上海拔高、氣壓低、氧氣稀薄，就算不是冬天，人體要適應山上的環境也需要時間，走著走著很容易喘不過氣來，進入深山後，溫度也降低了。

平常只有我和 Robert 兩個人時，速度可以調整，累了可以停下來照相，沒事還可以抱怨個兩聲，現在有朋友同行，我就不好示弱了，就算咬著牙也要努力跟上。

「我們今天這樣來回走完的話，大約有幾英里？」我稍微放開牙床，忍不住問帝米奇。

「十一英里吧！」他簡短輕鬆的說。

什麼！我完全不知道這麼遠！根據之前泡溫泉的經驗，最多走個半英里，所以來之前連問都沒問，想不到這次單趟就超過五英里，而且是下著雪的高海拔陡坡耶！不要忘了，我年近五十，從來沒有接受過什麼登山訓練，或者野地求生經驗喔！

雖然我爬過十英里的山路，可是那時是夏天，山上涼爽舒適，身上也沒背任何東西，那次我就覺得一天下來很花費體力了。這回挑戰更高，實在很難想像之後要怎麼下山。我忍不住抖了一下，不確定是因為天氣冷還是心裡覺得害怕。

帝米奇腳力好，速度快，常常走在我們前面，他很紳士的說可以幫我背背

一路沿著溪流往上走

背著裝備爬山，就算冰天雪地依然氣喘吁吁，我的藍色羽毛外套都脱下了

包，可是我怎麼好意思，自己平常就不喜歡當嬌貴的公主，再累還是堅持自己來。

終於，在爬了兩個半小時的山路後，我們抵達了溫泉區，我一看到那水，之前抱怨路途遠，煩惱怎麼下山的心情統統不見了！因為眼前的景色也太美、太值得了！

地下的熱泉冒出地面後，跟山谷間的溪水匯集後往山下流，有的區域是清澈的，有些則呈現帶著乳白色的天空藍，還有一區是帶著乳白的黃綠色，像是嵌在山裡的一塊碧玉。我們一路走來的兩側山面是鋪滿了雪，而山谷中藍綠色的溫泉水卻冒著蒸氣，整個情境太夢幻了！

「你知道這些水為什麼有顏色嗎？」Robert 問，業餘地質學家兼退休高中老師顯然已經準備開講。

「我當然知道！」我不甘示弱，「山上的雪帶有靈氣，冬天落在溪水中，水

一池池的溫泉水，又美又溫暖

不同的礦物質、微生物讓溪水呈現不同色澤的美

底的魚精吃了後得到雪的靈氣，同時吸收日月精華，讓他們的眼睛射出不同顏色的光芒，所以水就有不同的顏色，然後水裡的石頭……」

「瑞塔多！」他咬牙切齒的翻白眼。

「你的眼白跟外面的雪景相互輝映耶！」我拿起手機準備照相證明，被他一把搶走，「你把手機還我啦，等下泡溫泉時我還要拍魚精的照片耶！」

「最好魚精也會吸收 iPhone 的精華，馬上把你的手機吃掉！」有外人在，他不敢太欺負弱小，最後把手機還給我。

奇幻小說作家可以編故事，但是正確的科學資訊還是要了解一下的。由於溫泉的溫度高，一般生物無法生存，當然裡面也不會有魚，沒辦法修煉成精，只有特殊的微生物可以存活。這些微生物，加上從地底上升的泉水帶來不同的礦物質，經過太陽光的折射，改變了水的顏色，才讓我們看到不同於一般溪水的美麗色調。

那天是週間，又是冬天，可是溫泉裡已經有十幾個人了。帝米奇說，夏天週末來時，這裡滿滿都是人，有一次他們算了一下，大約有兩百多人！所以冬天交通不便，環境嚴峻，但是反而能好好享受泡溫泉的樂趣。聽他這樣說，我也不得不承認，這一趟路累歸累，但是不需要人擠人的確愜意許多。

我們沿著溪水繼續往上游走，帝米奇帶我們越過瀑布，來到上游的溫泉區。上游人更少，往裡走一小段後來到一個圍起來的區域，水溫適中，我們迫不及待在溪邊換上泳衣，跳進水裡。關於美國泡溫泉的穿著，因為跟臺灣不太一樣，這邊一併跟大家分享。

首先不管去哪裡旅行，一定要先看告示牌，了解當地各種規定，泡溫泉也是一樣。如果告示明白指出不可裸體，那當然就要準備泳裝下水。但是美國有些州民情比較自由，那麼當地的野溪溫泉就不會特別規定，很多人會裸體下水。別人裸體，不代表你也一定要裸體，只是要有心理準備，可能會看到光溜溜的人來來去去。

我第一次經歷那樣的野溪溫泉在奧瑞岡州，那是一個傍山的溫泉，下鄰深谷，景色非常美麗雅緻。當時下著細雨，潮溼的空氣中帶著氤氳之氣，大家安安靜靜的坐在石頭圍起來的溫泉裡，沒人交談，美景中帶著靜謐的氛圍，身體被天上落下的細雨，跟池中上升的熱氣所圍繞，真的很享受。那一次，只有三、四個男人在場，他們全都裸體。我當時已經把泳衣穿在身上，覺得特別把泳衣脫掉也奇怪，加上只有我一個女生，所以後來還是決定穿泳衣下水。

第二次也是在奧瑞岡州，那是一個規模比較大的溫泉，沿著溪邊圈出七個池，每個池子的溫度都不同，水質非常清澈，遊客也很多，遊客赤裸著身體在岸上的亭子裡休息，不論男女老少都一樣。在那樣的情況下，我特別穿泳衣反而突兀，所以也裸身下水。大家就是安靜的享受溫泉，很多人閉著眼，盤著腿，靜坐冥想，沒有人玩水嬉鬧，沒有人多看你兩眼。奧瑞岡州是民風比較自由的地方，

溪水的上游有個瀑布，溫泉源頭更在瀑布的上游，我們繼續往上爬，攀升到懸崖的上方，繼續往前走

上游的溫泉，這裡的水質是美麗的乳藍色

從溫泉區的穿著中可見一斑。

至於猶他州，因為當地的州民主要信奉摩門教，相對起來比較保守，大家都穿著泳衣。帝米奇說，當地政府還曾經打算關閉溫泉區，阻止年輕人在溫泉區舉行派對，還好後來沒有成真，但是也可想見他們保守的民風。所以入鄉隨俗，在猶他州的野溪溫泉最好不要裸身。

有人問我，那麼冷的天，要脫下外衣、換上泳衣一定很冷，那需要多大的勇氣啊？其實那天扛著裝備食物走了兩個半小時的山路，身體早就暖和了，所以要脫下衣服並不難。而且溫泉就在旁邊，脫完衣服馬上下水，讓溫熱的泉水緊密的包著你的每一寸皮膚，把冰冷的空氣隔絕在水面之上，比任何暖暖包、羽絨外套、襪子、帽子還有效。剛才在山路上健行的艱苦、緊繃、疲憊，現在都得到釋放，即使看著身旁的雪景也覺得溫暖。

這麼美、這麼舒服的野溪溫泉，沒有人蓋起收費亭，也沒有攤販賣香腸汽

白雪，黃土，藍泉，青池。豐富的色彩，冷熱共存的溫度，對立又協調

水，美國人實在不太會做生意。我們一邊吃著自己從山下背上來的食物，一邊嘗試不同的水池，因為是大自然的溫泉，會因為氣候變化和雨水沖刷而導致出水地點改變，所以泉水的溫度並不穩定，在水池間走動要小心會碰到冰水或滾燙的熱水，最後，我們足足待了兩個小時才上岸，穿上一層層的衣服準備下山。

在回程的路上，太陽已經下山了。雖然白天上山時，攝氏零度的太陽沒什麼溫度，但是太陽下山後，冷空氣馬上包圍過來，還好我們剛才泡過溫泉，身體還是暖的。月亮出來後，照著滿山的白雪，景色雖然沒有白天那樣清晰光明，可是白雪映著昏暗的山景，別有一番美感。不過白天時，積雪在太陽照射下表面會略融化，這時沒有太陽，溫度下降，反而結成一層冰，走起來更滑。

古人說：「不經一番寒徹骨，怎得梅花撲鼻香？」這句話聽起來真是老掉牙，不過我還是忍不住掉牙一次。很多時候，最美的風景得要經歷最辛苦的路程才能看到。很多國家公園的祕境都是放棄舒適的道路，遠離喧譁的遊客，靠自己的腳步一步步往前才能到達。不然，坐在家裡上網搜尋照片，也能看到其他攝影師拍攝的專業作品，但是自己親眼目睹的那種感動，那種震撼，絕對不是透過別人的相機鏡頭可以相比的。

geology notes

蘿蔔老師的地質教室

鹽湖城被譽為是美國最美麗的城市。城市的西邊是美國最大的內陸湖──大鹽湖，而聳立於城市東側的瓦薩奇山脈，則屬於洛磯山脈的一部分。

研究北美洲地質有一個很重要的區域，叫做「盆地與山脈生態帶（Basin and Range Province）」，瓦薩奇山脈就位於這區域的東側邊界上。過去一千五百萬年來，這個地方的地殼延伸超過兩倍的寬度，使得脆弱的地殼碎裂成塊狀，然後像骨牌一樣傾倒，形成綿延排列的山脈。如果你曾經開車從洛杉磯前往拉斯維加斯，便會熟悉我所說的這種獨特的地形。車子帶著你上山，翻過山頭後降到平坦的山谷，然後再開上另一座山，可以重複這樣的模式持續數小時。直至今天，瓦薩奇山脈還是不斷隆起，鹽湖盆地也還在下降，形成瓦薩奇斷層。這對鹽湖城居民來説會帶來一定程度的地震風險，但是這也代表這裡有很棒的溫泉！

3

第三章

雪地腳踏車，越摔越勇

——懷俄明州傑克森市

我們在帝米奇夫婦家待了五天，受到熱情的招待，還在鹽湖城跳上幾場探戈舞，終於依依不捨，啟程往傑克森市去。依依不捨的意思是，之後我們可能就要在雪地露營，吃著加熱冷凍食品，沒有女主人幫你熱好牛骨湯，還可以吹暖氣、上網、洗熱水澡這種好事了。

前往傑克森市的一路上風景很美，很多樣化，有時候是一片平坦的農地，綿延好幾英里，深冬時節，覆蓋著一層白雪；有時候路一轉，平地卻又變成高山，北國的山自有它雄偉壯闊的一面。這時太陽偏斜，天色漸漸暗了下來，我看到東邊山頭隱隱有些微光。

「你看，好像月亮要出來了。」我指給 Robert 看。

這位上知天文下知地理的先生掐指一算（用手指敲手機上的 app），「今天是滿月耶！等下可以看到月亮升起。你看過月亮升起嗎？」

我們很常聽到大家要去看日出，那種目睹一天要開始的感覺很振奮，加上美

驅車前往傑克森市時，擋風玻璃的景色像是活動的美術館，美景不斷的在眼前展示

沿途的雪景。這是美國中西部常見的農業灌溉系統──自動灑水，可以涵蓋大範圍的農地。深冬時節，大地被雪覆蓋，取代農作物生長，機械農具不畏寒冷的立在雪地上

景跟萬丈光芒的太陽，真的會感動到滿臉微笑的回去補眠。但是很少有人特別說要去哪看月出，期待夜晚的降臨。明明月出的時間天天不同，月亮的圓缺也天天不同，比日出有變化多了！

「我好像從來沒看過月出耶！」我想了想，誠實的跟 Robert 說。

「真的嗎？」他略帶驚訝，「那我們一起來看！」

他看好方向，把車停到安全的路邊。外面空氣溫度低，我們穿著大衣，站在車邊，望著東邊的天空，等待。

遠方山頭後面露出朦朧的光暈，慢慢的，一個亮亮的白點露出來。隨著時間一分一秒過去，這個白點越來越大，變成半圓形，然後月亮繼續升起，最後整個月圓露出來，浮在空中，對世界撒下一片銀光，清澈，冷冽。

昏暗的天色帶著濃濃的神祕感，飽滿的月亮在北國乾燥清冷的空氣中顯得更是清晰明晃。它的亮度不像太陽那樣霸氣，讓你無法睜眼相對，月亮的亮是那樣晶瑩，彷彿帶著仙氣，卻又不拒人於千里之外。我看著看著，很多想法在心裡成形，忍不住要為這樣的感動創作出一個人物。

「我要為這幅景象創造一個角色，她的名字叫月升。」我跟 Robert 說，也用英文解釋月升的意思。

我們繼續上路，尋找今晚落腳的地方。他開著車，我一邊寫作，一邊細細思考醞釀，就這樣，【仙靈傳奇】系列的「畫仙」誕生了。在故事裡，畫仙的名字叫做月升，出生那天的情景就是我看到滿月從山頭冒出來的樣子。她的個性有點冷傲，帶著仙氣，但是是溫和的，而且用她的法力努力來保護畫境。每次寫到她，我都會想起那天晚上的情景，雖然不是什麼絢麗驚人的景色，而且月圓每個月都會發生，但是那種簡單、乾淨、清雅、脫俗的美，至今讓我無法忘懷。

我們的車子在月光的簇擁下，終於來到傑克森市。傑克森市是大提頓國家公園外一個度假城鎮。這裡有滑雪場，有國家公園，所以城鎮也就跟著繁榮富裕起來，大商家、餐廳、飯店樣樣不缺，消費也比較高檔。我們搜尋到滑雪場附近的RV營區，打電話過去詢問，結果住宿一個晚上要價六十五美金。這真是我們遇過最昂貴的營區了！最後我和Robert決定去汽車旅館，一個晚上七十美金，還附有免費早餐，專屬的浴室和暖氣，比起來划算許多，也讓我們去黃石公園的路上再喘口氣。

在出發前，我們有先上網搜尋黃石公園鄰近的溫泉區，除了查到黃石公園內的沸水河（Boiling River）有在冬天開放外，傑克森市區外的花崗岩溫泉（Granite Hot Springs）冬天時的景色也很讓人驚豔。圓形的溫泉池，一邊傍著覆白雪覆蓋的山坡，一邊鄰著山谷，那景色真美。

在抵達傑克森市的那個晚上，我進一步搜尋那座溫泉確切的位置和相關的資訊。那個地方距離傑克森市約二十分鐘車程，一個人收費八美金，冬天也有開放。但是問題來了，上山的路沒有剷雪車清雪，車子只能開到附近的公路，在那

美麗的花崗岩溫泉

之後，進入到溫泉區的山路封閉，只能靠雪上摩托車或越野滑雪走完剩下的路程。在城市裡住久了，被城市中便利的環境所框架，不管要去哪裡就開車，怎麼會有地方是車子到不了的？

我google了一下從山下抵達溫泉區的距離，單趟九英里。上次單趟五英里的山路我們就走了兩個半小時，這一趟至少要五個小時吧？當然不可能這麼做！換成開車，別人都從臺北開到高雄了，我可能還在走！

想不到這座美麗的溫泉這麼難到達，讓我生起了打退堂鼓的念頭，卻又同時更加嚮往。人啊，往往是越得不到的越想要！

我跟Robert說了這件事，他生性節儉又刻苦耐勞，查了幾種交通方式的費用：狗雪橇的單人價格三百七十美元，兩個人就要七百四十美元；雪上摩托車比較便宜，兩個人一臺車兩百美元以內；但是他就是對越野滑雪興致勃勃，覺得我也可以做到。

越野滑雪是一項非常消耗體力的活動，我知道自己絕對辦不到，後來事實證明我堅決反對是對的。但他不死心，在網路上找到傑克森市有家戶外用品店，除了租滑雪用具外，還租一種可以騎行在雪地中，輪胎超過十公分寬的腳踏車（fat bike）。騎腳踏車我勉強可以，雖然過去我最多在平地上騎個三英里，不過總比用走的快，應該沒問題，所以我也興致勃勃的答應了，沒想到這卻釀成了之後一連串災難的開始。

到了封閉的路口，果然，車子都停在一旁，不少雪上摩托車被運到那裡，等著遊客租借，只有我們兩個牽著雪地腳踏車，自信滿滿又懷抱期待的上路。

剛開始我騎得還可以，雖然摔了幾次，可是地上積雪鬆軟，並沒有太嚴重。那個山區一邊是山，一邊是溪谷，沿途風景如畫；雖然飄著雪，可是我們的衣裝足夠，加上騎上坡很費力，所以也不算太冷。

我們一邊騎，一邊看著那些租雪上摩托車的人一一駛過，他們看到我們努力

摔車前騎著厚輪腳踏車的瀟灑英姿

的樣子，都會揮手跟我們致（嘲）敬（笑）。我們也看到不少狗雪橇經過，第一次看到狗兒們精神抖擻的拉著雪橇，人或站在後面，或坐在雪橇裡，感覺真特別。

我們是唯二靠著自己的力氣上山的人。白茫茫的世界，就我們兩個一步步踏著踏板往嚮往的溫泉騎去。

雖然這種腳踏車能在雪地上騎行，可是並沒有想像中容易。一，雪會滑，手要用力平衡。二，雪上摩托車呼嘯而過後，車子前方的滑板在雪地上留下一道道溝槽，如果腳踏車騎進溝槽裡，就會變得不容易控制而摔車。我後來抓到避開的訣竅，可是雪上摩托車是主要進山的工具，山路上到處都是一條條溝槽，要完全避開不容易，動不動又陷進去，常常得使力保持平衡。三，路途遙遠。九英里的上坡山路，真的超過我的體力所能負荷，我常常要停下來休息，喘氣喘半天，這樣走走停停，兩個半小時過去了，我們只騎了超過一半的路程。更懊惱的是，跟我們同時出發的那些雪上摩托車隊，這時已經泡完湯，騎著車回程了，他們看到我們還在路上奮鬥，對我們揮揮手。雖然他們戴著頭盔，我看不到他們臉上的表情，可是心裡總覺得他們一定在嘲笑我們。

「我想，我們應該調頭回去，這樣速度太慢，等我們泡完溫泉下山會天黑的。」Robert看看天色，評估實際狀況，「以後還有機會再來。」

我實在很累了，但是心裡很矛盾，騎了那麼久，費了那麼大的力氣，卻沒辦法到達目的地。半路放棄並不是一個容易的決定，我們都知道要收穫一定要先努力，但是有時候，努力不一定能達到期望的目標。誰也不希望辛辛苦苦的付出卻要放棄，尤其當費盡心力沒有任何回饋，這樣的確很不甘心。可是我知道Robert不是輕言放棄的人，他一向很有毅力，但是這是他在衡量環境後提出的建議，所以即使我不甘心，也只能點頭答應，後來證明他的決定是對的。

這是我們經歷那麼多趟旅行中，第一次在到達目的地之前做出放棄的決定。

勇往直前是美德，可是懂得在奮鬥的過程中知道怎麼保護自己，進退有度，也是重要的課題，否則只是愚勇。冒險的精神不在於拚命往前衝，而是要運用智慧判斷，從中學習。即使是中斷或放棄，那也是一種另類的學習。

轉頭下山的決定讓我鬆一口氣。太好了！現在開始都是下坡，應該比上坡輕鬆吧。果然，我騎著腳踏車下坡，不用費力去踩，讓地心引力帶我走，多開心啊！

可是沒多久就發現不妙。首先，腳踏車的椅墊非常非常硬，尤其騎了這麼久，我那扁平的屁股好痛！下坡時一路顛簸，更是對屁股那兩塊骨頭的一大折磨。再來，太陽開始偏移，溫度往下降，先前融化的水結成冰，雪地變滑，腳踏車也更難控制。

在一個下坡路段，前面的 Robert 忽然摔車，我這一趟摔了不下二十次，他可是一次也沒摔過。他上車繼續騎，而我不信邪，等我騎到那個路段，果然也摔

厚輪腳踏車還是會摔！

車了。

之前幾次摔車，每次起身都安好無恙，馬上爬起來再騎。可是這次不一樣，我摔到地上還好，可是隨後掉下來的腳踏車就砸在我的左膝上，一陣巨大的疼痛傳來，我痛得眼前一花，有種要暈過去的感覺，雖然馬上回神，但是隨後便生起一股噁心感。

我躺在地上，只覺得地上涼涼的好舒服，一點也不想起來，也起不來，腳痛得我一動也不想動。

「你覺得怎麼樣？」Robert 牽著他的腳踏車回頭來找我，我看著他站在我眼前，心裡覺得溫暖，至少我不是一個人，至少我不會孤伶伶的死在冰天雪地中，沒有人收屍……其實那些事不會真的發生，我只不過是膝蓋被撞到，連扭傷都不是，可是還是好痛！

之後的對話我不記得了，腦海中只剩下疼痛的感覺。後來據 Robert 告訴我，他一直說他愛我，鼓勵我會沒事，可是我都沒有印象。

隨著疼痛的感覺漸漸減弱，我認為自己可以站起來，可以再騎車了，才讓 Robert 扶著我起來，只是當我跨上腳踏車，往前騎沒多遠，又摔了！路面變得越來越滑，Robert 要我騎慢點，可是騎在腳踏車上需要保持平衡，速度太慢也不行。就這樣，騎太慢會摔車，太快也會摔車，再多摔了三次後，我放棄不騎了，因為一再的摔車騎車，速度並沒有比較快，所以我決定牽車下山。Robert

控制車子的技巧比我好，應該可以騎下山，不會像我這麼慘。可是他也不願先走，雖然眼前只有一條路，我再蠢也不會迷路，不過他還是堅持陪著我牽車，一步步走下山。

回到汽車旅館，我才發現，我的膝蓋又紅又腫，就連走路都有困難。而他自己也受傷，他當時不說，後來才告訴我，他摔車的時候撞到左手，一用力就很痛，兩個人雙雙掛彩。看來他當初要回頭的決定是對的，越晚的話，危險因素越多，越不安全。我也學到一課，了解自己的能力真的是很重要的事，逞強不代表勇氣，改變計畫也不代表失敗，安全絕對是任何野外活動第一要遵守的目標。

就這樣，本來接下來幾天要越野滑雪（cross country）和雪鞋健行（snow shoeing）的體能活動都被迫取消，第二天，我們改變計畫，前往加拿大馬鹿野生保護區（National Elk Refuge）。

在黃石公園跟大提頓國家公園可以看到大量的加拿大馬鹿，通常都是成群出現。之前我們來過大提頓好幾次，但從來不知道這個保護區。這裡占地兩萬四千七百英畝，每年入冬第一場雪後，高山上的上千隻鹿就往下遷移，來到這個氣候比較溫和，水草也比較多的地方棲息，直到隔年春天來臨。因為之前都是在暖和的季節前來，難怪我們都不知道，這也是冬天造訪國家公園的驚喜之一。

保護區離傑克森市約十分鐘車程，可以開車進去，但是只能在公路上行駛，不能靠近鹿群。我們去傑克森市的遊客中心打聽，原來他們有提供馬車讓我們近距離觀察鹿群，而且收費便宜，一個人才二十六塊美金。

但當我們實際看到「馬車」後嚇了一跳，與其說是馬車，不如說是沒有遮棚的貨車。車上有兩排對坐的長條椅，可以坐二十個人，前面兩匹馬負責拉車，搭起來十分顛簸，不過車上準備了毯子，畢竟在攝氏零度的曠野中行駛，風一吹來是很冷的。

公馬鹿和母馬鹿平時會分成兩個群居活動，交配季節才會在一起。有角的公

鬥角是加拿大馬鹿的餐後社交活動

鹿比較壯觀，所以馬車帶我們靠近公鹿群。

導覽員知道要靠多近才不會驚擾鹿群，鹿群們也似乎習慣人們的觀賞，並不急著逃走。有些年輕的公鹿還會隨機表演鬥角的戲碼，惹得人們低聲驚呼。年長一點的就穩穩坐著，嘴巴嚼著草，不理這些「青少鹿」的浮動，也不理我們的驚呼，挺神氣的！

在看完馬鹿後，我對於沒去成的花崗岩溫泉還是念念不忘，Robert安慰我，以後一定有機會，我們不是忘了帶護照嗎？那代表我們還會北上看極光，到時再把花崗岩溫泉列入行程中。

他講得沒錯，但是我最近這幾年看到身邊的人事物來來去去感慨很多，人很容易把自己擁有的事物視為理所當然，覺得現在就是要忙著工作賺錢，以後有空再跟朋友見面，以後退休再去旅行。我曾經看過有人在網路上提出一個假設性的問題：如果你被醫生診斷有癌症，只有三個月可以活，你要做什麼？大部分的人

大部分時候牠們都在低頭吃草

公鹿的角又長又美，這隻的動作
看起來更是雄赳赳氣昂昂

說要去旅行，要跟家人多相處，但為什麼要等生病了，沒體力了，才要做這些事？如果時間金錢允許的話，為什麼不想做什麼就趕快去做，想見什麼人就趕快約見面？許多人把「以後」當成 YouTube 影片，隨時點開就有；但是其實「以後」比較像院線片，沒抓對時間去看是會下片的。

人生無常，錯過就錯過了，誰可以保證明天會在哪裡，有沒有以後？

雪上摩托車的價格比平常我們會用在玩樂上的價格高沒錯，但是兩個月、兩年以後就會比較便宜嗎？恐怕還會漲價呢！而且我們現在就在這裡，為什麼還要等以後？

我暗自思考兩天後，跟 Robert 說，我們今天去吧！Robert 略略驚訝，沒想到我這麼積極，通常一般人說「以後」，就是真的「以後」，而我卻把以後拿來現在兌換。他雖然驚訝，但是也馬上答應把往黃石公園的行程往後延一天。

隔天一早，我們前往租借雪上摩托車的公司辦理手續，他們附有整套的頭

用掛車將雪上摩托車載到登山口

盔、雪衣、雪褲、雪鞋、手套可以免費租借，穿戴起來感覺很專業！

我們租借的雪上摩托車被放上掛車，掛車再連結上Robert的越野車，Robert對於車後面有掛車的開車方式不是很習慣，不過還好路途不遠，交通天氣也都穩定，沒多久就順利到達山路口，騎上幾天前我們騎過的山路。

雪上摩托車真的舒適許多，我坐在後面可以拍照，Robert則是一直很興奮，覺得我的決定太棒了！我們沿途欣賞風景，一路安全而且毫不費力的往山裡騎，大約半個小時就抵達溫泉地點。我們停好車子，那裡已經有七、八輛雪上摩托車了。

花崗岩溫泉真的就跟照片上一樣，甚至比照片還美。積雪覆蓋在旁邊的山頭，抬頭仰望可以看到六十公分厚的雪層在山風刻鑿下形成的特殊痕跡。我可以一邊玩雪，一邊泡溫泉，溫泉從地上冒出，沿著山壁流下到人工池中，另一側則是山谷，美麗的山景讓我們覺得即使經歷了摔車、受傷，再騎車過來仍非常值

穿上整套裝備，感覺
帥氣指數上升

得！這時我突然想到一個問題。

「Robert，有一個大問題耶！」我皺著眉頭說。

「怎麼了？什麼問題？」

「我們騎摩托車過來，外面溫度又這麼低，要怎麼脫衣服？」想到攝氏零下的氣溫，身上任何可以保暖的東西都不想摘下，不要說羽絨外套，呼出去的熱氣都覺得好浪費。

「怎麼脫啊？我教你，先拉下羽絨外套的拉鍊，把手伸出來……」Robert一臉正經的說，害我真的以為有什麼熱身絕招。

「還說我，你自己也是瑞塔多！」我忍不住給他好幾個白眼。

「不然你就多跑個幾圈先讓身體熱起來。其實脫就是了，我知道你可以！」他真的很了解我，儘管經歷了騎車、摔車，無論如何都要去泡溫泉的人，怎麼可能因為怕冷就裹足不前，我就是愛抱怨、自尋煩惱而已。

就這樣，我咬著牙，在攝氏零度脫下外套，全身只剩下泳衣。寄放衣物的地方距離溫泉池那段路不長，可是在那樣冰冷的溫度下，穿著泳衣走過那段路卻像是萬里長城那麼長，好不容易才走到泉水裡。

泡著暖和的泉水，一邊欣賞山景雪景的同時，我那杞人憂天的性格又跑出來了。

「現在身體泡熱了，待會上岸時不就冷死了？」我語氣煩躁。我看 Robert 嘴巴正準備張開，趕快說：「算了，你不要回答，我不要聽你跟我說什麼從水裡站起來然後走上岸這類的話。」

「那你還問！」他又翻白眼。我覺得我們兩個看天空的次數一定比看對方還多。

「可是，真的很冷耶！」

「你剛剛不就走過那一段路，還不是沒事？」

「怎麼沒事？我好幾次差點滑倒，而且剛剛身體是乾的，等下上岸身體是溼的，那會很冷耶！」我又再次跳針了。

「那是等下的感覺，你為什麼現在就要替未來的感覺做決定？說不定你不會覺得那麼冷，可是你現在跟自己的身體宣布會冷，那肯定就冷得受不了。你還待在熱水裡，為什麼不好好享受一下？我們好不容易來到這裡，就是想要放鬆不是嗎？就好好享受現在，等下的感覺就等下再去體會，有困難也等下再去面對。你現在煩惱，只不過是延長你煩惱的時間。放心好了，前面那段路不會跑掉，水面上還是一樣冷，不對，一定會更冷，你現在煩惱的問題也不會不見！」

他的邏輯聽起來有些不倫不類，可是也給了我另一個角度。的確有道理耶，我幹麼把還沒有發生的事先放在心裡發酵膨脹？如果我坐在溫泉裡，不能改變空氣溫度，不能改變放衣服的地方，那我的抱怨真的就是抱怨，而且是沒有建樹、沒有對策的抱怨。把泡溫泉的時間浪費在煩惱無法改變的事實，還真的不是普通的瑞塔多！

我轉換心境後平靜許多，真真正正的去感覺溫泉水在皮膚上的流動，感覺冷水熱水不預期的在皮膚上竄過的刺激，美景映入的不僅是我的眼底，也是我的心底。雖然我不是第一次在雪地泡溫泉，但還是用心的去感受每一次的不同。

「我們差不多該走了，而且你也不能泡太久，要補充水分。」Robert提醒我。

「好。」我深呼吸幾口氣，用意志力把自己拉出溫暖的水面，盡可能快步往前走。

上岸的路程和剛才明明一樣，可是這次我覺得不那麼難，也不那麼遠。可能已經走過一次，未知的恐懼減低了；也可能身體被熱水暖和了，所以沒那麼冷；也可能我的心態改變了，不先去預想有多恐怖，那就真的沒那麼恐怖。

「怎麼樣，會冷嗎？」回到寄物的地方，Robert不顧自己還是溼的，先拿乾毛巾給我擦身體，幫我先換好衣服。

溫泉旁的山石堆雪

花崗岩溫泉依山面谷，冬天有雪景相襯，更增添美感

「還好耶！沒有想像中冷。」我真心的說。

「看吧，你的想像力應該用在寫書上，不是用在嚇自己。嘿，你不冷了，但我還是溼的耶。幫我拿鞋子。喂，你踩在我鞋子上了，你看都是泥巴。」Robert說。

看在他剛剛展現紳士風度的份上，就讓他碎碎念吧！不過他說得沒錯，有創意的想像力可以寫書可以畫畫，可是負面的想像力卻只會營造不必要的恐懼。

在雪地裡泡溫泉的我們聽起來很瘋狂，可是去那邊泡溫泉的人，有老人家，有婦女團，還有爸媽帶著小孩，這些人都是騎雪上摩托車上山，就連約莫十歲的小男生也是騎一輛小型的雪上摩托車，是很適合闔家出遊的冬天休閒活動，就跟我們過年在家打麻將一樣稀鬆平常。

有些時候，我跟 Robert 有一股傻勁，我們做的不是什麼驚天動地，挑戰極限的事，就是尋常的旅行，但是我們願意嘗試新的東西，並且一試再試，這條路不通了，再試試那條路，這個方法不行，那就再動腦想另一個方法。我們也願意接受失敗，接受自己的決定，不管那個決定是好的還是壞的。我們保持開啟的心態，不管是車子沒電了、忘了帶護照、摔車受傷，還是其他書中沒寫出來的大小障礙，在我們眼裡就是一個過程，碰上了，那就去面對、去解決，然後正面的、美好的經驗就會跟著來。

geology notes

蘿蔔老師的地質教室

從加拿大馬鹿保護區前往花崗岩溫泉的車程大約一小時，汽車行駛過格羅文特山脈的同時，也彷彿帶領我們回顧千萬年地球的歷史。位於格羅文特山脈旁邊的傑克森市，在過去五百萬年中沉降了好幾千英尺，源自古生代的變質岩跟沉積岩被埋在火山灰、河流沉積物，以及冰河沉積物底下。到了白堊紀末期，北美板塊受到太平洋板塊的推擠而隆起，格羅文特山脈被推舉約兩萬英尺高，再經過長時間的風化跟雨水沖刷，覆蓋上面的海底沉積物被帶走，讓古代變質岩的地形裸露出來，於此同時，溫泉也出現在隆起的地震斷層周圍，造就此處瑰麗的地質形態。

4

第四章

華氏零度下的體驗
── 黃石公園 1

黃石公園的雪景一直在我旅行的口袋名單上，或者應該說是腦袋名單上，也就是不需要用筆寫在紙上就一直心心念念想要一睹風采的景色。大多數人都是選在夏天去黃石公園，除了天氣好，有假期外，旅行團冬天也不會開團，所以一般習慣跟團旅行的人就沒有機會看到黃石公園在冬季時節的樣子。

黃石公園之所以聞名世界不是沒有原因的，特殊的地熱景觀，壯麗的山景，成群的野生動物，讓黃石公園的暑假塞滿各國的遊客。但是其實冬天的雪景更是迷人，映著陽光的白雪在山頭上堆積，從地下冒出來的間歇泉跟天上落下的雪花相遇，這樣一個冷熱交織，帶著衝突與融合的地方，很難不讓人心生嚮往啊！

另外，我跟 Robert 非常著迷於追蹤野生動物，每次旅行時，都很期望可以看到當地特殊的野生動物。

人類文明的發展讓我們的生活更方便，但同時也讓人類站在野生動物的生存對立面，甚至導致許多物種面臨滅絕的危險，只能到動物園看被圈養，失去自由的動物。所以如果有機會在大自然中觀察野生動物，往往讓我們非常興奮。看到牠們在路上行走，或是水中游泳，或是凌空飛翔，不受到人類的限制與威脅，憑自身的力量獨立生存，不僅讓我們非常感動，也非常感激有這樣的榮幸可以跟大自然共生共存。

人類或許有某些先天上的優勢，但是那些優勢不該用來欺壓其他的物種，或是理所當然的把這些優勢視為強勢，反而應該要更謙卑，更努力維持各物種間的平衡。

黃石公園以豐富的生態環境而聞名，野生動物的種類很多，鳥類、哺乳類、魚類、爬行動物類等有數百種，其中有很多瀕臨絕種的生物，對於喜愛觀察野生動物的人來說像是天堂，受到保護的野生動物們自在的在園區走動，許多攝影愛好者可以輕易的獵取動物們的身影。但是為了保護這些野生動物，相關規定很多，像是不可餵食、接近、打擾、狩獵園區動物；釣魚更是有很多限制，可以使用什麼樣的釣具跟魚餌、可以釣什麼品種的魚，哪些魚釣到了一定要放回去等，這些都要遵守。

冬季是在黃石公園目睹這些大型野生動物絕佳的時機，除了熊要冬眠外，其他動物在白色背景下更容易顯現牠們的樣態，加上一些本來躲在深山的動物，因為高山上的草都被大雪覆蓋，會來到地勢比較低的地方來覓食。這次我們在黃石公園露營了七天，花了非常多的時間在這條唯一開放自駕的公路上來來回回，為的就是一睹各種野生動物的風采。

從傑克森市出發到黃石公園只需大約六個多小時，但是我們還是在國家公園外的城市待了一個晚上，第二天再前進公園。高緯度地區冬季日照短，下午四點就天黑了。雖然我們打算在雪地露營，但是並不想在昏暗的天色中紮營。這是我們第一次嘗試雪地露營，以前完全沒有這樣的經驗，不知道會遇到什麼樣的問題，所以決定趁白天光線好的時候進行，真的有狀況的話可以及時修正。

Robert 的露營經驗豐富，手邊有好幾套帳棚睡袋，而我是這兩年認識他後才開始露營，但不管是老手還是新手，我們兩人都沒有雪地露營的經驗，對於這次的旅行是既期待，又些忐忑不安。他在行前做了很多功課，添購了很多設備，為的就是確保安全。但是，低溫中睡帳棚，會有什麼狀況？可能有什麼危險？儘管我們找了很多資料，詢問很多專家，最終還是要親身體驗才知道箇中滋味。

當天早上我們來到黃石公園北方的卡丁納爾（Gardiner），這是唯一對外開放的入口，可以自己駕車前往。這條公路通往東邊的庫克城（Cooke City），若要前往公園其他地方則必須參加國家公園舉辦的行程，讓他們用雪上公車或雪上摩托車帶你進去。國家公園內有兩間旅館，但是即使是冬天還是非常熱門，一房難求，另外還有一個露營區開放（Mammoth Hot Springs Campground），先來先贏。我們抵達時營區是空的，冬天露營最大的好處就是人不多，有時偌大的營區就只有我們一組人，可以盡情挑選喜歡的位置。

營地被超過一尺深的雪蓋住，我們今晚得像小龍女躺寒冰床一樣睡在冰雪上，可惜我們不會玉女心經，沒有高深的內力抵抗寒氣，只好乖乖的做好防寒措施。紮營前，先用鏟子把雪鏟走，當然不可能完全清理乾淨，只能盡力而為。那天算是冬日裡的高溫，大約高於攝氏零度，所以白雪都成了剉冰，不太好鏟。我用力鏟了幾次發現太難了，就讓Robert完成，我則跑到一旁堆雪人。

「Robert你看，有鄰居來幫你加油了！」我興奮的大喊。

「哪裡？」他略為驚訝的左右張望，明明剛才營區內沒看到半個人影。

「這裡啊，他的圍巾很漂亮耶！」我指著地上的雪人。

「喂！那是我的圍巾！」他對我臨時起意的創意很沒轍。

「不要這麼小氣，鄰居的體質比較寒，借他一下。你看，我都讓他戴我的帽子。」我也表現很大方的樣子。

苦寒之地總是要找點樂子才容易過下去。

❶ 長長木頭圍起來的區域就是搭帳棚的地方

❷ 鏟出一塊地後，開始鋪上防水布

❸ 漸漸看到帳棚的樣子

❹ 我們一向分工合作，有人辛苦雪地搭帳棚，另外一個人就要拍照作紀錄，還要負責跟雪地鄰居社交！

帳棚終於搭好了！山景雪景一應俱全，實在很豪華！

Robert 花了大約二十分鐘終於劃出一塊比較平，可以放下帳棚大小的地方。搭營時，他不是用一般的營釘，因為冬天土壤裡的水會結冰，整個地面像是硬邦邦的石頭，一般營釘並不好用。他用的是雪地營釘，橫放在雪堆裡，再用力把雪壓緊、壓實。

帳棚底下除了鋪上防水墊外，帳棚內還得再鋪一層厚的瑜伽墊，再放上適用於攝氏零下十五度低溫的雙人充氣式床墊，因為空氣有隔絕溫度傳遞的效果，再來是一層普通的棉被，最後才是睡袋。

我們除了鋪上雙人睡袋，在裡面還再塞入兩個羽毛睡袋，希望這樣的裝備讓我們可以足以度過夜晚華氏零度（相當於攝氏零下十八度）的考驗。

在北美冬天，攝氏零度在野外算是高溫了，積雪不夠乾燥鬆軟，混著水就像是剉冰。但達到華氏零度就不一樣了，雪鬆鬆的，帶著漂亮的六角結晶，美是美，但是冷得澈底，如果有皮膚接觸空氣，那種刺痛是會鑽進骨頭裡的。

潔淨白皙的雪看起來那麼美，那麼鬆軟無害，可是卻左右了你的帳棚要選擇四季棚（4-season tent）還是三季棚（3-season tent）。基本上，若環境沒有特別嚴峻，一般營地選擇三季棚即可，但如果降雪量大時，雪的重量是足以壓垮帳棚，那較為穩固強韌的四季棚就很重要了，畢竟沒有人想睡到半夜，被整晚落下的大雪壓扁帳棚活埋！

這次我們帶了兩個帳棚，一個是架在車頂上的三人帳，打開時像是打開一本硬殼書那樣翻開，上面附的鐵梯可以拉下來架在地上。另一個是背包旅行用的兩人帳，也是這次在黃石公園內搭的帳棚。我們選這個帳棚挑戰雪地露營的原因有：一，車頂比地面冷。地面積了冰雪，冰雪的溫度是攝氏零度，可是上面的空氣溫度卻更低。二，我們要連續幾天在同一個地點紮營的話，用車頂帳比較麻煩，每天早上開車前要收帳，晚上要開帳，花的時間比較多。但這兩個帳都是三季棚，能不能禁得起大雪就看今晚了。

冬天的冷分成幾種，溫度、溼度、風力都會造成不同影響，天冷時不一定會下雪，下雪不一定會冷。之前在黃帽山撿牡蠣化石時，溫度和溼度低，氣候乾冷，而那其實是比較好處理的一種冬日氣候。冬天進行野地露營，第一個面對的大問題不是冷，睡袋夠力，就會讓你晚上睡覺也是暖呼呼的。最大的問題是水氣凝結。人體呼出來的空氣含有大量水氣，水氣遇冷後又凝結成水，經過一整夜，這些水氣會在帳棚內壁結成一顆顆水珠。

之前我沒經驗，堅持把帳棚裡的窗戶都拉上拉鍊保暖。的確，這樣熱氣比較不會散出，帳棚裡比較暖和，但是早上醒來，身體稍微移動碰到帳棚，凝結在帳棚內的水珠就嘩喇喇的往下落，像下起了小雨，就連睡袋外面都是溼的。

由於白天活動時，帳棚和睡袋都得折好收起來，如果上頭帶著水氣，除了對帳棚本身不好外，當晚就得睡又冰又溼的床，更慘！所以後來學乖了，晚上即使再冷，一定要把帳棚的窗戶跟門拉開通風。儘管睡前冷一些，可是鑽進睡袋一會兒就暖了。

這回在黃石公園裡的雪地露營又是完全不同的體驗。這裡空氣溼潤許多，就算帳棚沒有關上，呼吸的水氣還是不容易乾，上升到帳棚頂端遇到冷空氣便結成霜，還好空氣溫度低，所以不會變成水珠滴下來。還有，身上被睡袋包裹的部分是暖的，可是只要露出睡袋外，即使只有一公分，那就是冷凍庫的溫度。有多冷？我每天早上起床第一件事是去拿眼鏡，但還沒戴上眼鏡，單是手上的溫度，在碰到眼鏡剎那，鏡片就起霧了。每天睡覺前我會把我的小刀、手電筒、方向盤溫度計串在一起掛在帳棚裡，戴上眼鏡後，就會看到每樣物品表面爬滿霜，毛茸茸的樣子。

這次我們在黃石公園露營六個晚上，有一個晚上下雪，早上起來看到整晚的積雪堆在帳棚四周，約有半呎深，帳棚被雪的重量壓得微微塌陷，想到我們安全度過一整夜，不禁替自己感到驕傲！帳棚的設計讓大部分的雪都落到地上，我們

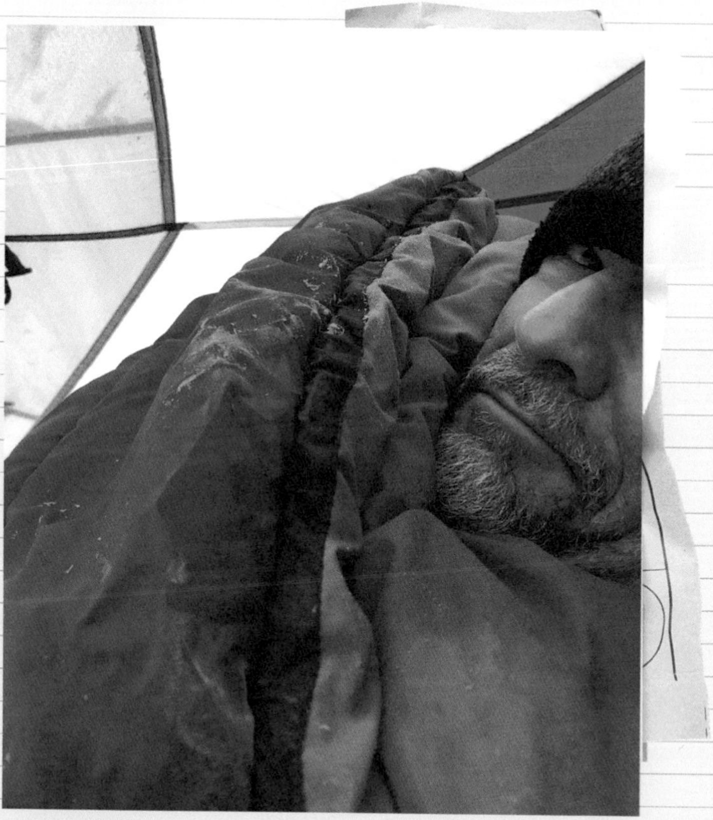

睡袋外面都是霜

掛在帳棚內的小刀、小手電筒，早上起來上面都是滿滿毛絨狀的冰晶

車子顯示華氏零度

前一晚下的雪蓋住帳棚。我們在這裡住了六晚，值得驕傲的紀錄！

起床後只要用刷子刷掉上面薄薄的一層雪，趁著雪還鬆軟，再把帳棚四周的雪鏟走，是個成功的經驗。

這六個晚上，營地裡大多只有我們，就算有其他人，也都是開著RV，裡面有床鋪、有電、有暖氣，沒有人像我們一樣搭帳棚睡在地上，每回我們跟人聊起這次的旅行經驗都會聽見一番讚嘆。雖然這不是什麼前無古人的創舉，但是的確不是一般人框架內的活動，也是我和Robert旅行經驗中一個很大的里程碑。

5

第五章

雪中的動物精靈

—— 黃石公園 2

「你把食物準備一下，等下帳棚搭好，我們可以吃午餐。」我們抵達黃石公園第一天，Robert 一邊忙著紮營，一邊不忘分配給我其他的工作。

「喔，好。」我拿出醃肉片、麵包、起司和水，想到餐巾紙在車子另外一側，於是從車子後面繞過去，但我才打開另一邊的車門就聽到有人大吼。

「你沒關車門，喜鵲飛進去了！」Robert 氣呼呼的說。

「喜鵲在車子裡？」我第一個反應是趕快拿手機出來準備照相。

「瑞塔多！牠們會去吃我們的食物！」

我趕快奔過去，一隻好大的喜鵲快速飛了出來，我去車裡檢查一看，果然，醃肉片不見了！

「車門不能讓它開著，食物更不能沒人看管。」

「我以為冬天沒有熊不需要擔心食物問題，怎麼知道鳥也會……」我小聲的為我的無知辯護，「而且冬天覓食不容易，牠們吃點食物應該很開心！」

喜鵲虎視眈眈看著車內的食物

我們不過是離開幾步，牠就飛上車子

李嵩的《市擔嬰戲》

「不行！你不知道不能餵野生動物嗎？牠們不應該吃人類的食物，這樣會破壞生態，也會影響牠們自己找食物的能力！」他這次翻白眼我完全不敢笑。

就這樣，我們的午餐進了喜鵲的肚子裡，這些喜鵲完全不怕生，一直繞著我們轉，牠們知道人類會帶來食物，又不會傷害牠們，非常聰明。

我後來寫《仙靈傳奇3：畫仙》時，主角曄廷曾經進去一張宋朝的古畫——李嵩《市擔嬰戲》。這張畫裡的送貨郎挑了兩個大擔子，裡面有食物、有玩具、有日常生活用品，像是古代超商的概念。曄廷進去畫中，畫裡的其中一個擔子上方停了兩隻喜鵲，可見古代就有喜鵲跟隨人類，撿拾人類的食物，與人類共存的生態。對照照片，一古一今，一中一西，倒也有趣。

天上飛的屬黑嘴喜鵲最常見，那地上走的就屬美洲野牛了。

美洲野牛是黃石公園內最容易見到的大型野生動物，而且數量多，整個國家公園內估計有五千多頭。冬天的時候，拉馬爾谷（Lamar Valley）地勢低，氣候

美洲野牛在路邊隨處可見

美洲野牛頂著落雪，在積雪深處挖掘，尋找可食的草，像不像灑了糖霜的糕點？

美洲野牛是群居性動物，牠們強韌有力，可是在嚴酷的冬天，牠們也懂得如何合作以保留體力。相片中帶頭牛隻費力踏雪前行，後面的牛隻就可以跟著牠殺出來的一條雪路而行，帶頭的牛累了後，就會往旁站，讓後面的牛頂替，輪流出力開路，懂得運用群體的力量，讓大家一起儲存能量度過冬天

緩和，風勢比較弱，積雪也不深，動物們可以輕易取得水草，是觀賞野生動物最佳的地方。冬天園區對外開放、可以開車通過的公路也是從拉馬爾谷穿過，在這條公路上最會擋路，最大搖大擺的，非美洲野牛莫屬。

先前我曾帶女兒們在夏天時拜訪黃石公園，那時我們就看過美洲野牛，第一次看到還很興奮，兩次、三次後就沒什麼感覺了，美洲野牛數量多，比在臺北市街頭看到狗的機會還大。可是這次冬季之旅，對牠們卻升起了一種特別的感覺。看牠們健壯的四肢在雪地中行走奔跑，雪濺蹄飛；看牠們把頭鑽入深雪，有力的肩頸左右擺動把雪掃開，嚼食雪下的乾草；看牠們無畏的行走在車子前面，堅持的告訴你，這是牠們的行動範圍，不會因為人類出現就放棄。美洲野牛的堅忍強韌，讓我深深感動。

一天早上，我們特別早起，吃完早餐後開車離開營地時，野牛們還在雪地中睡覺。牠們真的是超級堅韌的一種生物，即使那麼寒冷的夜晚，依然是就地而眠，沒有巢穴。我看到前一個晚上下的雪，積落在牠們的身上，厚實的牛皮，濃密的粗毛讓牠們不畏冰寒，經過一晚的沉睡，白雪覆蓋牠們全身，像是糕餅店裡灑了白糖霜的餅乾。

除了美洲野牛，在黃石公園常見的大型草食性動物還有加拿大馬鹿跟大角山羊（Big Horn Sheep）。

中文裡對於動物頭上凸出的堅硬東西統稱為角。不過英文則有不同的稱呼，一是 horn，一是 antler，差別除了形狀跟組成物質，最重要的是 horn 不會掉落，antler 則是每年秋天掉落，春天再長出來。鹿族的角是 antler，羊群的角是 horn。

大角山羊是群居性的生物，公羊和母羊頭上都有角，母羊的角比較細直，公羊的角就比較大而彎，重可達十四公斤。牠們是北美洲原生種，散居洛磯山脈等山區，在陡峭的山坡上時常可以看到牠們舉步輕盈的身影。

年輕的母羊過馬路，牠停在路中央，有點不知所措的樣子

大角山羊的角又大又彎又美

在黃石公園的那幾天，我們在唯一可以自駕的公路上，來回追蹤這些野生動物。這裡不准打獵，不准餵食，真的是野生動物的天堂，也讓牠們得以在這裡自由棲息，但是要看到牠們的蹤跡也有技巧。在野外觀察野生動物不像拜訪巴黎鐵塔，買了機票飛去一定看得到。想要看到野生動物，第一眼力一定要好，對大自然的變化要敏銳，有任何風吹草動就要啟動雷達，對準目標。Robert 已經觀察野生動物好幾十年，可以在快速移動的車內精準的從窗外呼嘯而過的景色中辨識出動物，準確度之高讓人萬分佩服。我在他的訓練下，也慢慢學到如何辨認動物，如何在野外找到牠們的蹤影。

第二，注意人群。黃石公園是野生動物的天堂，自然也是各方攝影好手的天堂。就連像我這樣拿 iPhone 的業餘新手都興致高昂的想拍下牠們的身影，這些攝影師一定也想用手上的大砲把這些動物一一射下來[3]。所以，當你開車尋找

3：照相的英文可以用 shoot a photo，而 shoot 同時又有發射子彈的意思。

美洲野牛跟大角山羊在雪地山坡相會，牠們互不干擾，安靜而協調

動物的同時，遇到有人忽然停車，千萬不要失去耐心，很可能是有人看到什麼特別的動物，這時仔細搜尋四周，說不定也可以有所發現。

我們第一次看到紅狐狸就是看到有人在前面停車，然後一管大砲從窗戶伸出來，我們朝鏡頭方向看去，便發現了牠美麗的身影。

紅狐狸真的是一種美麗嬌小的動物。第一次邂逅，就被牠鮮豔橘紅蓬鬆的毛色所驚豔，牠行色匆匆，在車子的左前方出現，我們也趕快停車，不想驚嚇到牠，也不敢下車。Robert 搖下駕駛座窗戶，很快拿出他的相機，紅狐狸快速看了我們一眼，沒有逗留，直往前去，好像森林裡有什麼重要的事等著牠，很快的消失在濃密的林子裡。

第二次是在一個河邊，牠沿著河岸不疾不徐的走著，雖然有四個人拿著望遠鏡、相機、手機跟著牠，可是牠卻不在意，有時候還停下來坐著，像在思考什麼人生的哲理。

雪地中的紅狐狸

紅狐狸從我們車旁經過，我趕快拿起手機拍下這張照片，Robert 也正拿起相機要拍，正好可以看出牠跟我們的距離有多近

在中國古老故事裡，狐狸通常都帶著靈性，在真實的野外大自然中實際觀察到牠們，不難想像為什麼人和狐狸會有這種特殊的連結。

狐狸體型小，體態纖長，走路優雅，毛色光滑美麗，賞心悅目。牠們臉上的五官也飽含表情，眼神彷彿充滿思緒，當牠望著你時，有種被某種力量直透心裡的感覺，難怪牠們會成為中國傳說故事中的主角，蒙上了一層仙氣、靈氣，像《山海經》、《聊齋》等作品中，都可以看到狐狸成妖成仙的敘述。我在《修煉Ⅳ：異種再現》中，描寫一家都是狐狸修煉成精的成員，其中有好人有壞人，有男有女。在寫這個故事的這一年間，我剛好在雪地裡看到野生狐狸，而且還是紅狐狸，感覺我的人生跟我寫的小說是有連結的，小說中杜撰的人物是帶著我的生活經驗出生的。

第三次邂逅在隔天，我們一樣開車在國家公園追尋動物，忽然一群人在路邊停車，一定是有野生動物出現，更不要說看到路邊每個人架起腳架，裝上最高檔

牠聽到我按相機快門的聲音，轉過頭來看我，眼神中帶著好奇和警戒，
這是我第一次跟狐狸互動，特別興奮

的長筒望遠鏡，肯定值得跟著一探究竟。

我們停好車走向成群的攝影陣仗，現場一片肅穆，大家安安靜靜的。我們問他們看到什麼？一個女士悄聲的告訴我們，一隻紅狐狸在林中睡覺。這些專業追蹤野生動物攝影師太厲害了！睡眠中的動物也可以被他們找到，我們當然也要去看看。

紅狐狸在開放的雪地中安睡，落雪在皮毛上凝結成水珠，顆顆晶瑩。四周圍著牠的是矮樹叢，樹叢之外圍著一圈攝影師。牠無視嚴寒的冰雪，不知外界的注目，安詳的睡著。那是種對世界的信任，對環境的安心。我在內心悄悄希望，我們人類可以尊重這樣的信任，不要任意踐踏，這樣我們往後還能有機會，繼續觀察安睡中的動物。

除了眼力要好，要跟對人之外，對動物的習性若能有基本的了解，也可以幫你找到野生動物。Robert每每開車經過溪水時，一定放慢車速，仔細望著窗外。

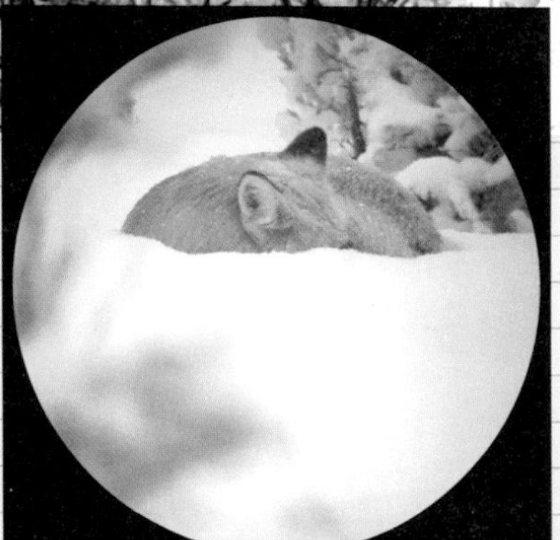

被雪覆蓋的樹叢中，
一隻紅狐狸在睡覺

睡夢中的紅狐狸

雪中紅狐。牠們的線條和姿態真的好美！

「動物需要喝水，你可以仔細看河岸的積雪，有沒有看到動物的足印？」在他的指點下，果然可以看到不同的足印從山上的樹林邊緣延伸下到河岸邊，我點點頭。

「我們在這裡下車，」他把車停在橋頭，「你把望遠鏡拿出來。」於是我穿上羽絨外套，戴上帽子圍巾，把自己包得只剩下眼睛，拿著望遠鏡跟他下車。

很多人看我們臉書上拍到這麼多動物的照片，稱讚我們可以投稿到國家地理雜誌，羨慕我們很幸運，都可以遇上這些動物。其實，追蹤野生動物是一件苦差事，可能連續好幾天，從早到晚行駛在同一條公路上，來來回回，同樣的景色前後看好幾十次。絕對沒有一天跑好幾個景點這回事，一般人早就悶死了。更不要說天氣這麼冷，下個車幾分鐘就凍到動彈不得，如果看到動物，還真的不能動才能端好相機，期待照出一張完美的照片。很多的空白等待，很多的靜止不動，往往只為了捕捉一個瞬間。

「你看！」Robert 壓低聲音，語氣興奮的指著遙遠的對岸，把我從自我感覺良好的幻想中拉回來，「Coyote 在獵捕食物！」

郊狼（Coyote）是美國常見的野生動物。就算是像洛杉磯這樣的大城市，只要地形稍有起伏，就可能看見郊狼的身影，以前我們住的山上就常看到郊狼。不過黃石公園看到的郊狼跟加州乾燥沙漠看到的略有不同，最明顯的，就是牠們身上的毛皮。要度過黃石公園冬天的雪季，這裡的郊狼身上的毛皮明顯溫暖厚實許多。

郊狼不像狐狸那樣單獨行動，也不像狼一樣有固定的群體一起行動，牠們大多三三兩兩的出沒。Robert 很興奮可以看到郊狼獵食小動物的過程，拍了很多照片。

這一天成績不錯，早上看到狐狸，中午看到郊狼。

冬天郊狼身上覆著厚毛

獵食小動物時身體拱起，上下跳躍，看起來像是在跳舞，可是尖牙跟利爪都同時落在小動物的身上

「我們有句話叫 Three dog day，在美國西部的山區最常出現的三種犬科動物就是郊狼，狐狸跟野狼。對攝影師來說，如果一天內可以同時看到這三種動物，那真的是中獎中的中獎。超級幸運的一天！」Robert 開心的說。

美國人對狼又愛又恨，早期農民拴養牲畜，狼會成群捕獵，造成農民的損失，甚至很多西方童話都把狼列為邪惡的角色，像是《三隻小豬》和《小紅帽》等。人們為了保護財產，獵殺了很多狼群，導致後來黃石公園境內已經沒有當地的狼了。

自一九九五至一九九七年間，為了生態平衡，黃石公園從加拿大引進四十一隻野生狼，牠們在黃石公園落腳生存，現在公園內才能再次看見狼群。許多狼群愛好者組織了保護團體，還在網路上組團追尋狼的行蹤，漸漸的，在黃石公園找狼形成一股風潮，大家都想在黃石公園留下「狼來了」的經驗。

狼是社會型的群居動物，平均一個群聚約有十隻狼，牠們可以合作獵殺比自己體型還大的動物，像是：加拿大馬鹿、麋鹿，甚至是美洲野牛，這些體型比狼大上許多的動物，都可能成為牠們的晚餐。

在黃石公園北方活動的著名狼群有三群，一是拉馬爾狼群（Lamar Pack），我們去的時候只剩下三隻，據管理處的工作人員說，去年有一隻幼狼出生，可是沒熬過冬天。一是瓦匹替狼群（Wapiti Lake Pack），一是交會丘狼群（Junction Butte Pack）。

我跟Robert去過黃石公園數次，可是都沒機會看到野生狼群，這一直是他心心念念的夢想，可是要看到狼群非常不容易，那些追狼的攝影師們都會手持無線對講機，互相保持聯絡，我們那幾天在黃石公園來來去去的開車，最大的願望就是希望有機會看見狼群一眼。

這天看過狐狸跟郊狼之後，我們再次看到聚集的人群，一問之下，果然！山谷對面有狼群。經過這些專家解釋，牠們是交會丘狼群。雖然只能隔著遙遠的距

這樣的陣仗，只有黃石公園的狼群才擔當得起！

離，用望遠鏡觀察，但是還是很令人振奮。

這群狼共有八隻，領頭的是一隻灰色的母狼，那時正值繁殖期，我們用架在望遠鏡頭的手機記錄下牠跟其他公狼的互動。

我們這天不僅看到狼群，也讓 Robert 遇到 Three dog day。Robert 從小就對野生動物的觀察很有興趣，也有許多跟野生動物接觸的經驗，但並不是所有想看的動物都能順利看到，很多的時候要碰運氣。我們認識之後，他常常看到之前一直想看，卻沒緣看到的動物。像是他第一次帶我去划獨木舟時，我看到海豚從我身旁游過去，他很開心的對我說，他擁有那艘獨木舟好幾年，卻從未看過海豚呢！他覺得我有看到野生動物的運氣，也幫他圓了多年的夢想。

影像雖然遙遠不清楚，可是可以看到和記錄
大名鼎鼎的黃石公園狼群，還是很興奮

寫到這裡，我停止打字，緩緩想著，這些真的只是好運而已嗎？像是去黃帽山找到牡蠣化石，完全就是我的好運嗎？我的這些好運是怎麼來的？絕對不是天上掉下來的，不然我早就被牡蠣化石雨給砸死了！

如果我們沒去黃帽山，坐在家裡，再怎麼好運也遇不到。同理可證，如果他沒有教我怎麼欣賞野生動物，尋找野生動物，那我們也不會一起來黃石公園旅行，也不會看到狼群。我們互相鼓勵對方，支持對方，我深深相信，彼此正面的力量互相加持，就會有正面的結果出現。不然我們也有忘了帶護照的蠢事，也有車子電瓶在低溫下沒電的經驗，也有其他大大小小不順的地方，只是我們儘量不受負面的情緒影響，也不會只等著好運從天上掉下來！

在黃石公園的旅程中，我們花了大部分的時間在追尋動物，但還是安排了一個園內的旅行團去看我想看的間歇泉。

黃石公園座落在地熱點上，在史前時代曾經有過大噴發，所以大部分的公園是一座坍塌的大火山口。園內有許多間歇泉（geyser），最有名的就是老忠實間歇泉，平均每九十分鐘噴發一次，一次維持數分鐘，可以衝到三十二到五十六公尺高。其他間歇泉也是各有特色，是世界上最大最密集間歇泉分布區。

我一直好奇，這些從地底下冒出的熱水，在遇到外面世界的冷空氣、冰降雪又會發生什麼事呢？是地底的熱能比較強，還是地上的冬天比較猛？這次在黃石公園的旅行，就讓我看到這種同時高溫高熱，又同時冰寒冷冽的組合，既衝突對立又完美調和。

若利斯間歇泉（Norris Geyer Basin）位於國家公園的中間位置，約海拔兩千多公尺。冬季道路積雪，不開放私家車通行，要進去的話可以參加公園辦的半天旅行團，他們會用雪車帶遊客進去。不要以為冬天那麼冷，天寒地凍的，沒什麼人參加，就跟國家公園內的飯店一樣，參觀間歇泉的旅行團非常熱門，需要事先預約，我們很幸運的排到兩個位置。

旅行團的巨輪冰原雪車，司機人很好，讓我們爬上去照相

間歇泉中心呈美麗的湛藍色，襯著外圍的雪景

出發當天，車子開在沒有鏟雪的山路上，深入國家公園中心，大家心情都很期待。很明顯的，跟前面提到的拉馬爾谷（Lamar Valley）相比，這裡地勢高，雪深寒冷，野生動物的蹤跡也少很多，我們只遠遠的看到郊狼走在森林的邊緣，這也要靠大地一片雪白，所以才能看到，不然春夏時期樹枝草叢茂盛，遠距離是不可能看到動物的蹤跡。

來到若利斯間歇泉後，司機兼導遊帶著我們在圍起來的步道行走。步道因為冬天遊客少，很多路面都被雪給吞噬，大家必須小心而行。我和 Robert 旅行時需要足夠的時間來欣賞大自然，拍照更是需要耐心，所以不常參加旅行團，但是若利斯間歇泉在冬天只針對團體開放，散客不能進去，想要一睹它的魅力就只能跟團。我們在欣賞拍照時一直被催促，不過團體生活就是如此，必須互相尊重。我們還是盡可能捕捉到美麗的景色，看到我一心嚮往的雪景溫泉。

看到雪景溫泉那一刻真的讓人非常震撼，旅行團裡的每個人都忍不住發出讚

冬天失去葉子的樹枝跟背景煙霧裊裊的溫泉

靜謐的林中之湖也是溫泉

噴射狀的溫泉冒著濃煙，氣勢不凡

嘆，放眼望去，整個盆地布滿大大小小，各種顏色，各種型態的溫泉。有的呈水池狀，有的呈溪水狀，有的呈噴射狀，溫泉水帶著來自地心的熱度來到地面，外面冷冽的空氣沒有讓它結冰，這些間歇泉呈現一種倨傲的、湛藍的美，只是愈遠離間歇泉中心，熱力愈弱，熱氣遇冷凝結成水，水遇冷再凝結成冰。

間歇泉周圍還有另一個特殊景象——冰柱。天氣冷的時候，很容易看到冰柱，但一般看到的冰柱垂直往下，可是這附近因為有溫泉水的熱氣，也帶來不一樣的景象。

這些蒸氣往上升遇到冷空氣後凝結成水，漸漸附在樹枝上結成冰柱。冰柱隨著地心引力往下滑，可是風力也在這場角力中出現，把要結成冰的水硬是吹往不同方向，不同角度，在樹枝上形成許多造型獨特的模樣。

即使在冰天雪地裡，位於公園北方出入口的猛瑪溫泉（Mammoth Hot Springs）依然是私家車可以到達的一處景點。這裡的熱水來自若利斯間歇泉，

呈四十五度角的冰柱。同時上面也有垂直向下的冰柱

樹枝彎曲，居然冰柱也跟著彎曲

熱水從地底下穿過層層的石灰岩來到猛瑪溫泉，又順著階梯狀的山坡流下來，各種不同的微生物和藻類把石階染成五顏六色的模樣，非常壯觀。我們的營地就在附近，又不需要特別跟團，一定要來看看的。

黃石公園的停留讓我們看到很多之前沒看過的野生動物，不過還是有一些動物我們很想看到，可是多次等待還是沒有機會親見。像是水獺和雪貂，我們每次經過河邊，都會刻意駐足，希望可以看到水獺游泳的英姿，可惜沒那運氣。至於雪貂，別看牠們小小的，可是非常凶猛的肉食性動物，我曾經摸過雪貂的皮毛，又美又輕柔，真希望能親眼看牠們在雪地裡活動的樣子。雖然遺憾，不過遺憾也是另一種美，讓人對未來充滿期盼，好像人生，一些簡單的期待，讓我們一步步的踏著往前走。

在黃石公園七天六夜雪地露營的經驗只是挑戰自己的一小步，但每一小步都有它的價值，讓我們以後北上加拿大看極光時更有自信。最後一天在黃石公園，

猛馬溫泉，一層一層的石階像是鋪滿鮮奶油的蛋糕

猛瑪溫泉，溫泉藻類生物把山頭染上各種顏色

Liberty Cap，在猛馬溫泉的前方有塊約十一公尺高的石塔，傲然的矗立在雪地中。很多人可能無法想像，這其實是一個溫泉出口

我們一起拔營，雪人鄰居早就離開，他把身上的衣物還給我們，沒說再見便悄悄而去，什麼也沒留下，什麼也沒帶走，連腳印都不留，很環保的一個人。

我們也儘量做到這樣，把帳棚和爐臺全部帶走，垃圾也打包好，只是我們的靈魂比較重，沒法不留下痕跡，就讓車輪印跟鞋印陪著加拿大馬鹿的蹄印一起留到春天。

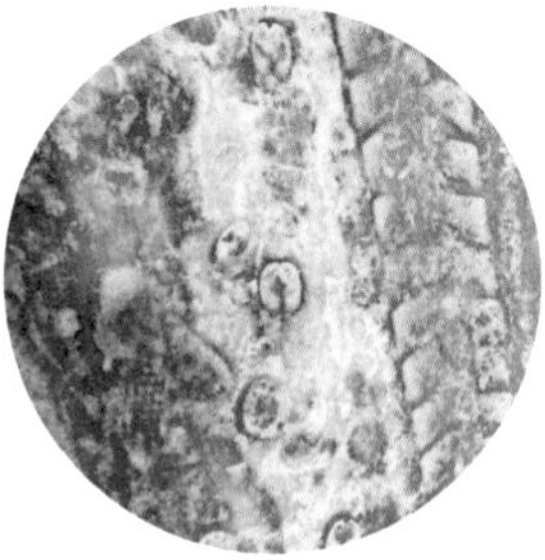

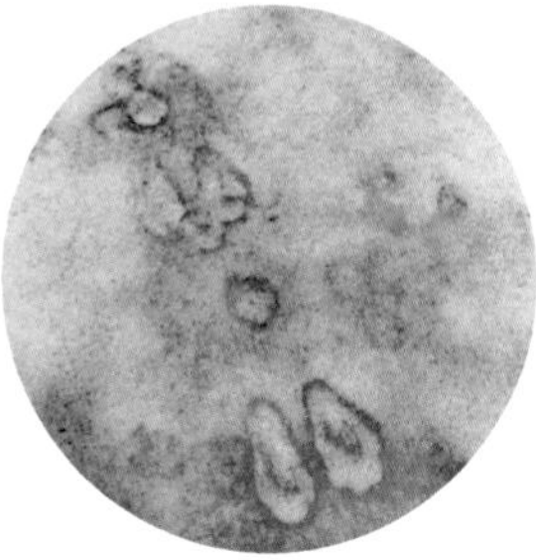

冰上的生物痕跡。上為加拿大馬鹿，下為雪兔

geology notes

蘿蔔老師的地質教室

在研究地質的人眼中，黃石公園是一個非常珍貴的寶藏，其中一個原因就是它座落在世界上熱點最活躍的四大地區之一。所謂熱點，是一股熱且狹窄的地函從與地核間的邊界向上對流，又稱為「地函柱」(mantle plume)。當上浮的岩漿到達地殼、地殼被往上抬起後，會造成地表扭曲破裂，形成今日所見的斷層跟火山活動。熱點的特殊之處在於它們通常固定發生在同一個地方，使得地殼板塊移動時，在表面燒蝕出一連串的火山帶。

黃石公園的熱點出現在一千五百萬年前的美國內華達州，隨著北美板塊以一年數公分的速度朝著西南移動，這些熱點則朝著東北移動，在約兩百萬年前達到黃石公園，中間經歷三次巨大的噴發，規模之大超越任何人類歷史所見證的火山活動。在地底岩漿外洩噴發後，地殼崩塌下陷形成火山口，如黃石公園湖就是古火山口的遺跡。

另外，由於黃石公園位於高緯度地區，每年冬天都有大量的降雪，融雪從斷層裂縫中往下滲進地底，形成公園裡著名的間歇泉、溫泉和泥火山。而源自古生代海底的石灰岩層，則堆積成一層層石灰華平臺，我們造訪的猛瑪溫泉便是由此而來。

6

第六章

瑤池王母仙雲現

—— 大提頓國家公園

離開黃石公園，我們原本是打算直接打道回加州的，不過 Robert 有別的建議。

「我想在大提頓國家公園停留個兩天，我希望你多練習越野滑雪。」

Robert 是個興趣廣泛的人，靜態方面他會吹口琴、彈吉他、拉大提琴、攝影。動態方面他會跳舞、游泳、露營、登山、划獨木舟、潛水、釣魚、滑雪等。我剛認識他時，的確很震撼一個人這麼有活力，培養了這麼多興趣。

我從小在臺灣長大，在我求學的那個古老年代，青春歲月專門用來念書考試。「趁年輕要多讀書」、「聯考考好，未來才有希望」、「不念書一輩子撿角」，這些是臺灣孩子在成長過程中聽在耳裡，浸到骨裡的金句。所以即使我喜歡學習新的事物，對這個世界也充滿好奇，依然只能學習課本上的事物，好奇心只能用來解數學題。就算從學校畢業之後，也因為生活中的種種限制，不被允許做我自己想做的事，一直到認識 Robert。

我們是因為跳阿根廷探戈認識的。在他的引導下，我的舞藝進步很多，同時他也帶領我進入露營、登山、划獨木舟、釣魚、觀察動物的世界。

他耐心的引導我，同時在一旁鼓勵，他知道我對這個世界充滿好奇，希望我可以多看看這個世界，走出自己設下的框架，讓心胸更開闊，讓生活更多元，讓創造力跟想像力更寬廣。對我來說，有人在乎你，甚至願意幫助你了解、探索自我，願意跟你一起共同培養興趣，一起營造生活經驗，這是讓我非常感動跟感激的，更別說這些興趣的確很有趣：在帳棚裡欣賞早晨起來第一道曙光，在爬上山頂後體會肌肉痠痛的快感，在獨木舟的搖晃裡見證大海的遼闊與力量，這些都是我以前沒有機會經歷過的。

但是，如前面所說，我患有「愛擴大恐懼焦慮碎碎念症」，明明興致濃厚，但是一定要先找出一堆理由，放到嘴邊不停的叨唸，放在心裡不停的擔心。露營不能洗澡怎麼辦？爬山時體力不夠怎麼辦？獨木舟翻船不會游泳怎麼辦？雪地露營好冷怎麼辦？

有些事真的不是我自尋煩惱，我不會游泳、怕水，有懼高症，不能接受脖子被包覆的感覺，所以我堅持不想學潛水，那太超過我的極限了。但是像是露營爬山，在經過了解跟學習之後，我也可以克服原本的恐懼，享受其中的樂趣。

越野滑雪就是其中一個我挑戰自我的項目。臺灣沒有滑雪場，我是來美國之後才接觸滑雪，而那微薄如存款的經驗裡，也只有高山滑雪，不知道越野滑雪是何物。

越野滑雪的英文叫做Cross Country Ski或Nordic Ski，跟一般我們看到那種要坐纜車上山，從山上滑下來的高山滑雪（Downhill Ski或Alpine Ski）不同。一般來說，越野滑雪的滑雪板部分比較細長，但是最重要的不同點是，高山滑雪的滑雪板前面翹起，整片底部是平的，滑雪靴的足尖和腳跟都固定在滑雪板上；而越野滑雪的滑雪板除了前面翹起，中間腳踩的部分也略為彎曲拱起，只有滑雪靴的足尖固定在滑雪板上，腳跟是活動的。

另外，高山滑雪要前往專門的場地，搭纜車上山，再從上面滑下來。越野滑雪則沒有這樣的限制，只要是有雪的地方，就可以靠自己的兩隻腳走出路來。因為不需要架設纜車等設備，所以越野滑雪受限比較小，相對也比較便宜，甚至很多北國的公園就可以滑，不用收費。跟高山滑雪比起來，越野滑雪消耗的體力很大，畢竟沒有纜車帶你上坡，不管平地山坡都得要自己走，加上身上的保暖衣物和裝備，一個小時下來絕對讓你氣喘吁吁。

對於他的提議，我既期待又擔心。學習新事物的挫折是很折磨人的，以越野滑雪來說，我平衡感不好，也怕速度太快，所以下坡一直摔。上坡則是體力的考驗，不僅沒有纜車可以搭，施力不對整個人還會往後滑，雖然付出很大的體力，成就感卻不成正比。

但是面對他的一番心意，我很難拒絕，而且在抱怨和擔心底下的我，也想要挑戰自己，想要滑得更好。所以最後我接受了他的提議，在大提頓國家公園停留，練習越野滑雪。

我們一路往南開，來到這個跟黃石公園相鄰的大提頓國家公園。看到大提頓主峰跟鄰近的山峰群在眼前矗立，真的非常壯觀！冬天山頭覆蓋著白雪，顯得更是冷傲高挺。愛好雪上活動的人，經過整個夏天的等待，終於等到雪季，可以好好享受雪地活動。

大提頓國家公園冬天開放的露營區很特別，是在一個遊客資訊中心的停車場，遊客中心冬天關閉，所以開放停車場提供大家露營。就和黃石公園一樣，營區裡不見其他遊客，雪地露營對一般人來說絕對不是放鬆度假的第一選擇。我們評估了一下周圍的環境，覺得之前在黃石公園使用的帳棚不是很恰當，不容易整出一塊地來，柏油路面也不能下營釘，最後我們用的是車頂帳棚。而在大提頓國家公園我們也經歷了露營史上最低溫——華氏零下三度（攝氏零下二十度）。

大提頓山主峰在不同的時間，不同的光線照射下，呈現不同的風貌

這冷冽的氣溫真的讓我們吃了不少苦頭。比如早上起床，竟然發現手機沒電了！原來外面溫度太低，電池承受不住，真的名副其實的死機！之後我們就記得，睡覺時要把手機放口袋，帶進睡袋裡。其實不僅是手機，任何你不想讓電池凍死的小東西，像是我的小手電筒，也會帶進睡袋中。

夏天旺季時，遊客資訊中心接納來自各國的遊客，人進人出，絡繹不絕，但在深冬時節人跡罕至，大自然恣意的展示它的力量。天上落下的雪，密密的包圍著建築的四周，屋頂上也積滿了雪，遇到太陽照射，表面融成雪水，隨著地心引力往下滴落，滴落的水在夜晚溫度驟降時再度結冰，形成冰柱。平常我們在屋簷下看到的冰柱，大約二、三十公分不等，細細長長的，而這個遊客中心周圍的冰柱從屋簷上往下滴落延伸，跟地上形成的冰柱相連，很像洞穴裡的鐘乳石。其實形成的原理跟山洞裡的鐘乳石是一樣的，只是鐘乳石是千萬年的礦物質層積，形成速度緩慢；冰柱則是一個冬天裡的變化，春天就隨暖陽消逝，不留痕跡，明年

搭在車頂上的帳棚

我不想跟硬邦邦的筆電睡覺，
所以早上起來筆電都打不開，
只好讓它靠太陽能充電！

就算冰雪再來，也不會出現一模一樣的景色了。拍下這些冰柱照片，就像保留住那個時刻、那個瞬間，之後不可能再照出同樣的情景了。

拍完這裡的冰柱後，我繞到建築物後面去，那裡的冰柱更是壯觀，好像一面結凍的瀑布，從屋頂直撲而下。這些冰柱晶瑩剔透，在陽光照射下微微映著藍色光芒，隨著光線呈現琉璃色彩，但是它們也具有危險性，特別是下端尖銳的粗壯冰柱從高處落下時可能致命。屋簷下可以看到有些大型冰柱形成後，承受不住地心引力的力量往下墜落，在地上摔成碎片，尖銳的邊緣就像玻璃一樣，如果摔在上面鐵定得受許多苦頭。

第二天越野滑雪之前，我們先嘗試另一種雪地活動，雪鞋健行（snow shoeing）。人在雪地行走時，腳容易陷進雪裡，這種特殊設計的雪鞋可以增加腳底的面積，分散人體加諸在上的重量，讓人在雪上行走變得容易，有種「浮」起來的感覺。

建築物前的冰柱，映著
落日，晶瑩剔透

這些冰柱從屋頂垂到地上，好像瀑布一樣，比人還高！

現代的雪鞋是塑膠和鋁合金做的，大約腳的兩倍寬，兩倍長，像是一個前端微翹的板子，底下有突出的尖銳齒狀，讓人在上坡時抓住路面的雪。雪鞋健行很方便，不需要特別的鞋子，穿自己原本的靴子，再套上雪鞋綁緊就好；也不需要特別的經驗或練習，像走路那樣往前走就可以了。只是雪鞋比一般靴子大和寬，往前跨時要記得跨大步一些，不然容易踩到自己，我剛開始還摔了兩次，滿丟臉的。

我們在大提頓國家公園參加國家森林護林員帶領的雪鞋健行，這個健行路程不長，可以借用他們提供的雪鞋，這些雪鞋最特別的是，它們是傳統款式，用木頭做外框，用生牛皮做線，在框內交錯穿梭製成網狀，很像大型的網球拍。這種傳統的雪鞋大約有一百二十公分長，很笨重，但是非常特別，可以感受到古老年代的人們在雪上行走的經驗。

雪鞋健行結束後，我們接著滑雪，這個滑雪場地維護得很好，平時有派人用

現代塑膠雪鞋

傳統木造的雪鞋健行。我身高太
矮，雪鞋立起來跟我差不多高！
Robert 最愛拿這張照片笑我！

大提頓國家公園越野滑雪，背景是赫赫有名的大提頓山

機器在雪地鏟出兩條肩寬的雪道溝，我們只要跟著溝槽走就好。這裡沒有高低坡度，平面的滑行對初學者來說比較輕鬆，我滑走得很順利，身體發熱，不覺得冷。Robert 提醒我不要走太快，因為在雪地裡活動穿了很多衣服，又戴手套、帽子、圍巾，身體流太多汗的話，汗水不容易蒸發出去，裡面衣服溼了後，滑雪完可是會很冷的。

我學東西其實算快，雖然年紀大了，體力沒那麼勇猛，但是四肢還算協調，運動神經還算敏銳，如果不要讓恐懼跟焦慮先主宰我的情緒，很多事都可以更容易完成。但是理論雖懂，執行起來並沒有那麼容易。恐懼是生物生存的本能，一隻小鹿對花豹沒有恐懼心，那很快就被吃掉了；我們害怕被刀子割傷流血，所以就會小心使用尖銳的工具；完全不怕冷，對溫度的改變毫無知覺的人，那會被凍死或熱死。所以恐懼和害怕的感覺不可能完全消失，只是要如何在維護自己生命安全的同時，不會因為恐懼和害怕就放棄想要做的事，或限制了可能的夢想與行動？我現在還是會懼高，恐摔，怕高速，但是我學著與這些感覺共存，我不在乎承認自己膽小，不過我儘量不讓這些感覺直接控制我的行為，我試著在嘴裡碎碎念的同時，也拾起滑雪用具，穿上厚（難）重（看）的衣物走進雪地，讓新的經驗帶領我到另一個生命層次，讓恐懼感在心裡深處安靜的保護我。

不再那麼害怕後，我一邊滑雪，也一邊注意身邊的風景，在一次的東張西望中，我抬頭看向天空，湛藍到心都要融化的天際，這時出現薄雲，我看到此生中最奇異的雲景。

「啊！」我忍不住驚呼，之後就講不出話來。

「你怎麼了？」Robert 急忙奔來。

「你看，雲。」我指著他背後的天空。

他轉過身看。「唉，雲有什麼好大驚小……啊！」他話沒講完也忍不住啊出來。

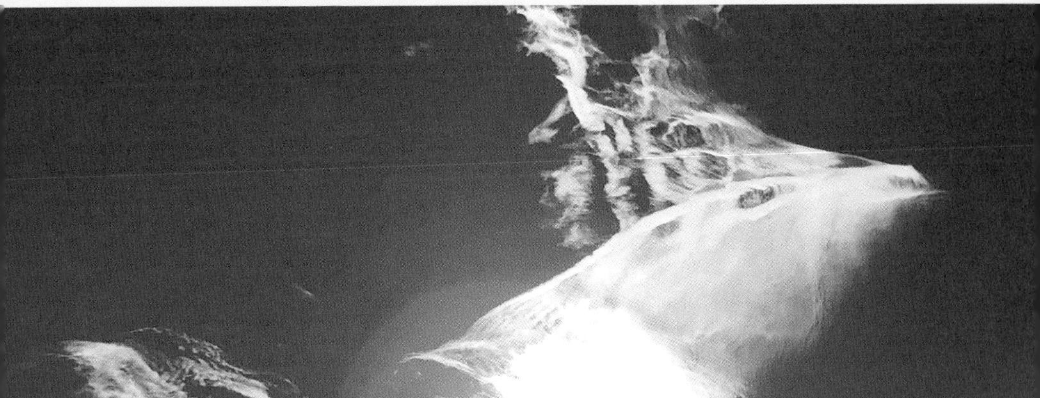

充滿仙氣的飛雲彩鳳

像不像西王母的駿馬？

雲彩彷彿鳳凰在天高飛，細長的鳳眼凝視遠方，尖利的鳥喙微張，彷彿隨時要高昂鳴叫，祂頭上的羽穗飛揚，尾巴的雲流隨風擺動，太陽從身體中央四射光芒，像是祂的心臟，彩色的虹雲像是七彩炫麗的羽毛，華麗貴氣的在天上展現。

這讓我想到我在《仙靈傳奇1：詩魂》中寫到李商隱的〈瑤池〉，西王母娘娘的仙地應該也有這樣的虹雲奇景吧！我們倆都看呆了。畢竟是仙物，不會在人世間久留，在我們的驚嘆中，牠又變成一匹駿馬，穆王八駿也顯靈了！

我在寫《詩魂》時，看了不少唐詩，也跟著書中主角想像進入詩中的情境，〈瑤池〉算是我最嚮往的一首詩。千古傳說中的神仙故事，奇幻文學中的仙境，到底會是如何美麗？該是怎樣的不沾塵土？穆王八駿到底會是怎麼樣的神駒？應該是超乎我們凡人的想像的吧？就像這虹雲，沒見到之前，我怎麼也無法想像有這樣形狀顏色的雲。在過去學到的知識裡，雲的單位是「朵」，提到雲這個字，腦海浮現的是超大朵的棉花糖那般，但是縱有千般變化，也沒辦法想像會有頭、有眼、有嘴喙，還散發七彩光芒，在寬闊清朗的天上，舞動變換形貌，幻化不同造型。大自然真的是最偉大的藝術的創造者，創作出獨一無二的成品，無法再重新複製。

經過查證，這種雲叫卷層雲，出現在大約六千公尺高的高空中，這種雲的結構大部分是冰晶，太陽光折射在冰晶上產生稜鏡效用，可以讓雲層產生很多的變

作者發功了！

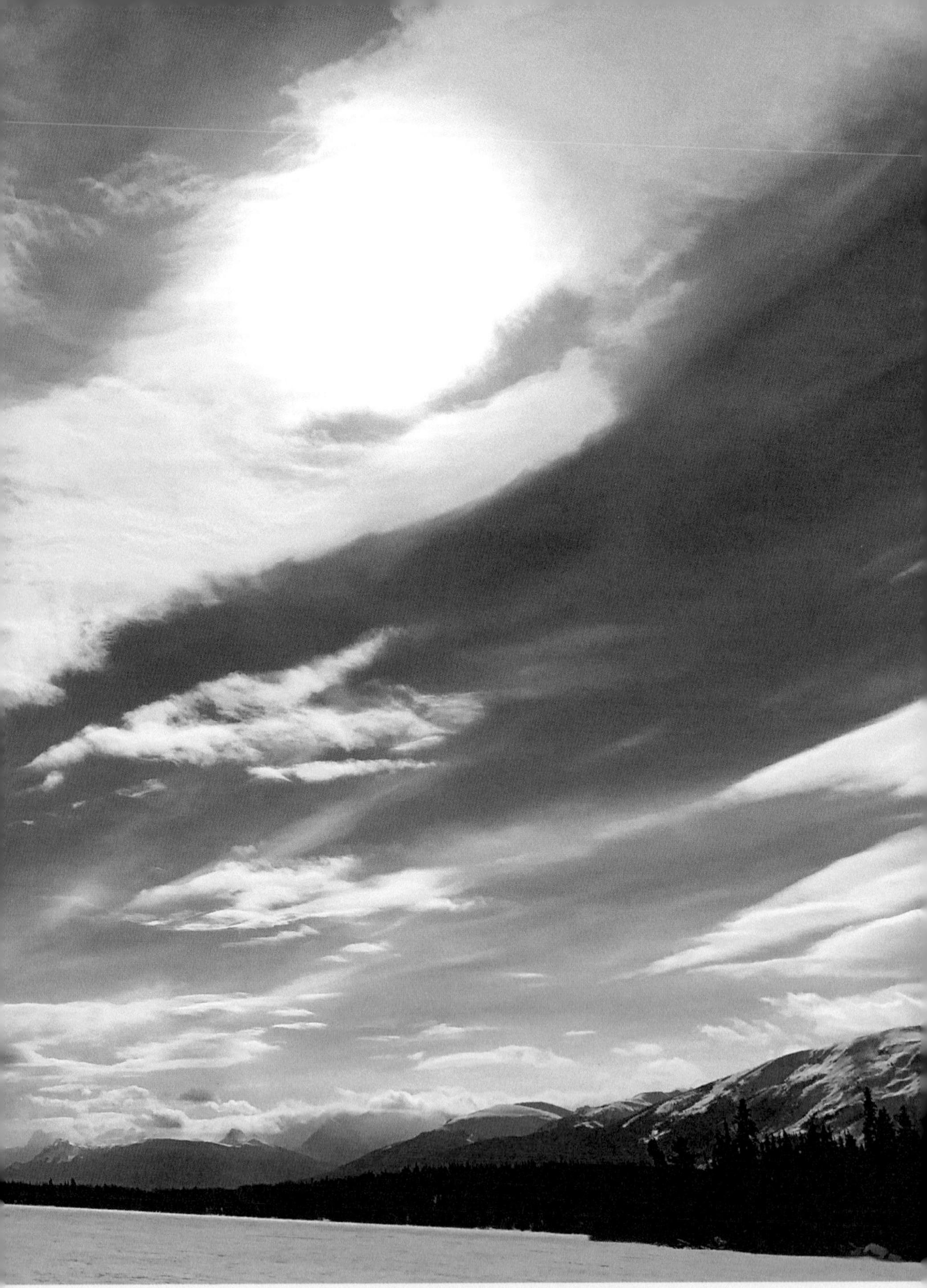

雪地上的七彩虹雲

化，像是照片裡七彩的虹雲，甚至在天空出現多個太陽的幻日現象。類似的雲層現象在北方乾燥寒冷的氣候帶中比較容易見到，對於來自南國的我們來說，看到這樣的景象實在非常驚豔。

拜訪冬天中的國家公園，欣賞雪中的間歇泉，在冰天雪地裡泡溫泉，這些是我一直以來的夢想，一直想嘗試的經歷，終於在這次旅行中得到滿足。想不到一個來自亞熱帶地方的嬌嬌女，也可以雪地露營，也可以越野滑雪，還擁有滑雪設備，也懂得如何尋找觀察野生動物，替牠們留下倩影，這些都是我過去不曾有過的經驗。這趟旅行豐富了我們的生命旅程，也為未來做好更多的準備，雖然這次因為忘了帶護照，失去看極光的機會，但過程還是一樣美好，而且就像黃帽山一樣，未來我們一定會有機會再往加拿大前進！

geology notes

蘿蔔老師的地質教室

在北美眾多山脈中，大提頓山的美麗令人屏息，陡峭的山勢、壯麗的冰河景觀，都是造訪此地不可錯過的美景。在洛磯山脈中，大提頓山是屬於比較年輕的一座山脈，地質學家推測大約在六至九百萬年前，受到地殼變動的擠壓，形成了如今高達 4,199 公尺的大提頓山。大提頓山隆起後，經歷了數百萬年的侵蝕作用，原本山脈外層比較鬆軟的沉積岩層被沖刷掉，露出裡面較為堅硬的花崗岩、片麻岩，約十五萬年前又經歷了冰河時期的冰川刻蝕，才讓它們以現在如此巍峨秀麗的模樣出現在世人面前。

大提頓山跟鄰近的傑克森市分屬兩個不同的地表層，中間相隔著大提頓斷層，地質學家發現大提頓山上找到的古代砂岩，跟斷層另一側地底下的岩石性質相符合，是此處曾歷經斷層作用的最佳證明。

蘿蔔老師的地質學附錄

文／謝博明 Robert Schafer
譯／陳郁如

我出生於一九五六年，那一年，科學家們開始探索深海地層，也發現了證據，可以證明在地球悠遠長久的歷史中，海洋與大陸分布因為板塊運動而不斷改變相貌。但是在我求學成長的過程中，我從書中學到的舊知識並沒有被更新，一直到我三十歲在高中擔任科學老師時才改變。雖然我主修物理，但是當時學校安排我上一堂地球科學課程，我在準備教材的過程中，參考了一系列的ＢＢＣ科學節目《地球的脈動》。一小時的影片中，板塊構造顯示地殼在歲月中不斷變動：像是山體的上升下降，洋脊從地殼裂縫中展開，海洋邊緣如何隱沒至海底成為海溝，還有地殼板塊不間斷的融合、分離、重整。雖然這些理論還很新，很多更專業的細節還在探討中，看起來很難，但是基本的理論其實並不難懂。

如果你曾經煮過燕麥粥，那你就曾經目睹地球板塊運動的基本原理了。在濃稠滾燙的大鍋液狀物中，上層漂浮著乾掉冷卻的平薄小硬塊，而下面接近爐火的地方溫度最高，簇擁著燕麥粥往上升來到表面，並同時推擠著表面上的薄硬塊，將它們推移到兩旁，造成這些燕麥硬塊互相推擠，形成裂縫。這些被推升上來的熱粥，遇到上面的冷空氣，也會乾掉成為新的燕麥硬塊，然後在持續的加熱過程中，再度被新的上升熱粥推擠、崩裂。同時，舊的硬塊從中心被推向鍋邊，層層堆積後，凝結成像小山一樣的固體。

我們可以把這樣的概念搬到地質學上，把圓形的燕麥粥轉換成圓球狀的地球。當熱岩漿從地心四面八方的向地表推擠，在地殼各處形成裂痕，這些分裂出來的大小區塊在地質學中便稱為板塊。不像在煮燕麥粥時有個鍋子，燕麥硬塊都集中在鍋子邊緣；地球的板塊則是互相推擠，造成板塊的變形、撓曲，甚至板塊之間的覆蓋隱沒。這些地表的崩裂處就是海洋最初形成的開始，上升的熱岩漿就像熱燕麥一樣，從裂縫上升到地表冷卻變硬後，形成海底地殼。

在被推擠上來的熱岩漿石塊中，有些地塊的密度比較低，這些地塊會持續被推擠上升好幾英里，超越密度比較高的海底板塊浮出水面，形成密度比較小的大陸地殼。地函中滾燙活絡的岩漿推擠著這些大小板塊，使得板塊在地表上不穩定的漂移。在漂移的過程中，如果板塊上方的海洋地殼跟浮出水面的大陸地殼相碰撞，密度高的海洋地殼就會被擠壓到更深的地表之下，在地質學稱為俯衝，而地底高溫會將隱沒的板塊再度融化成岩漿，岩漿噴出形成與板塊平行的火山群島，像臺灣地區的大屯山火山就是這樣形成的。而當一個大陸地殼跟另一個大陸地殼相碰撞，兩個板塊的邊緣可能相聚合，擠壓上升成為高山，喜馬拉雅山是典型的案例。在地球悠遠的形成歷史上，有許多次大陸地殼全部結合在一起的現象，我們稱之為盤古大陸。這在三億年前的古生代時期曾經發生過，可是地表下的岩漿卻不曾停歇，讓板塊再度聚合、分裂，像是在中生代時期則又形成不同樣貌的海陸分布。

並非事前刻意安排，但是《華氏零度》裡描述的探險地點，都剛好座落在北美古老板塊的邊界上。這些地點曾經是古老變質岩的底層，被深埋在數千英尺深的古代海洋沉積物底下，只有黃帽山呈現原始的沉積相貌，其他的部分都經歷地殼的激烈變動而使得相貌改變，呈現今日令人驚嘆的美景。從地層中找尋這些古老遺留的痕跡帶給我很大的啟發，我們就像滄海一粟，如果把地球的歲月壓縮成一百年，我的存在大約只有最後七十秒的時光，但是經由研究跟學習觀察岩石結構跟地層節理，我跟郁如得以與之前一百年的悠久歷史歲月相連結，這個與地球貼近的新體驗也賦予了這趟旅程另一個層面的喜悅。

Geology Appendix

I was born in 1956, the year when scientists first began exploring the deep-sea floor and discovered evidence that the shapes and locations of continents and oceans have been constantly changing over earth's long history. Much was being discovered as I grew up and went to school, but my books were not up-to-date on these new ideas and I was totally unaware of them. I did not learn differently until I was 30 years old and about to begin my high school science teaching career. Although a physics major, I was assigned to teach a class on earth science, so I began preparing with a television series, **Planet Earth**, on the topic. I sat for an hour in absolute wonder as the theory of plate tectonics revealed the continuous cycles of creation and destruction of earth's crust--the rise and fall of great mountains ranges, the widening of oceans from a crack in the crust and their disappearance into deep trenches, and the perpetual merging, splitting, and reshaping of earth's continents. Although the theory of plate tectonics is relatively new and major details are still being researched, its basic ideas are quite logical and easy to understand.

If you have ever cooked a pot of porridge, you have already seen most of the basic concepts of plate tectonics in action. A thin solid crust floats on top of a hot, sticky, and much thicker layer of liquid. In the center of the pot over the flame, extra-hot porridge rises up. It cracks the solid crust, pushing it aside and spilling onto it. Soon the liquid cools and hardens into new crust, only to be broken again by the steadily rising current of hot porridge. Meanwhile the older crust gets pushed towards the side of the pan, where it piles up and creates a little mountain range of solid porridge around the edge of the pot.

To apply these ideas to geology, we simply replace the circular world of porridge with the spherical geometry of the earth. Heat flows out in all directions from the core of the earth, and the crust is cracked in a number of places. This has broken the crust into a few large pieces and a number of smaller ones which geologists call plates. There is no pan, so instead of the crust piling up into a circular mountain range around the edge of the porridge world, it piles up, warps, and breaks where it rams into other plates. The cracks themselves are the birthplace of future oceans, and the rising porridge is dense magma which hardens into new seafloor.

Unlike porridge crust, some of the earth's crust is less dense than the rocks formed from the rising magma. This lighter crust floats a few miles higher than the dense rock of the seafloor and forms continents. The continents wander randomly over the surface of the earth, pushed by the spreading seafloor plates as they follow currents in the fluid layer below. When a continent is rammed against ocean crust, the seafloor is forced under the continent back into the fluid layer where it was formed, melting and producing a chain of volcanoes in the process. This is how the Tatun volcanoes in northern Taiwan were formed. When one continent rams into another continent, they may be welded together and create a great mountain range like the Himalayas. Several times over the history of the earth, the continents have all rammed together and been temporarily joined into giant supercontinents such as Pangea, which formed over 300 million years ago in the Paleozoic Era. But the currents beneath the crust flow relentlessly on, and the supercontinents inevitably break up again into smaller and different pieces, as Pangea did in the early Mesozoic era.

Although it was not planned, the trips in this book explore a region which was once the border of ancient North America. All the regions we visited were once a base layer of ancient metamorphic rock buried by thousands of feet of sediments from ancient seas, but only Yellow Hat Mountain preserves these layers of rock as they were originally deposited. The other places have all undergone dramatic and often violent transformations that created the beautiful scenery we experienced. Seeking and finding the signs of this ancient and eternal dance of the continents puts our life in a new perspective, a minutely small bit of an unimaginably long history. If the earth's existence were compressed into a 100-year lifespan, we could only hope to be here for the final 70 seconds! By studying these rocks and landforms and learning their stories, Yuju and I get to connect with the rest of those 100 years. This new and expanded relationship with the earth has added great joy to our adventures.

後記

Robert的文章寫到說「好」的勇氣。我也要謝謝出版社對於我想出旅遊書時說「好」的勇氣。我可以體會對我說「不」的人的思慮，畢竟寫旅遊散文對我來說是第一次嘗試的新創作，出版社有一定的風險。因此當我說我想寫旅遊書，親子天下馬上說：「好，老師，你就交給我們！」那樣的豪氣，那樣的信任，那樣的傻勁，真的讓我感動很久。我是一個喜歡挑戰自己的人，重複單一的動作容易讓我失去專注力，改變是我的動力，所以常常有些新點子出現，而我又何其有幸，這些蹦出來的想法都有人支持跟鼓勵。

當我開始把我的旅遊經驗寫下來時，本來想說書寫散文風格，鬆鬆散散，看得隨意自在，然後用美美的照片閃瞎大家的雙眼就好。可是出版社不是這樣想，認（沒）真（有）嚴（良）謹（心）的編輯幼婷一直鼓（逼）勵（迫）我寫出比較內心的東西，硬是要把我從舒適的殼中挖出來。說真的，我真的很感激她的用心，很多我不知道的潛力在她鼓勵下得到激發。寫旅遊散文跟之前寫奇幻小說很不同，奇幻小說是從一個點發想，然後長枝開花，朝外發展一個個的故事。遊記則剛好相反了，旅遊的經驗就在那裡，照片也都好好躺在手機裡，而要從這些裡面，把故事挖出來，我必須找到內心，找到自己。在寫的過程中，想到一些當時發生過的事，真實的事，有時候令我會心一笑；有時候，我又會為當時的心情，外面的風景而流下眼淚。與其說我在寫旅遊書，我覺得，其實更像我在掏心掏肺跟讀者說話，跟讀者分享我這個人，分享我的心情。

另外，連結我們旅遊的，還有地球科學的知識，Robert 喜歡地質，喜歡研究各種地層的變化；而我是藝術家，喜歡這些地質變化所呈現的美感，驚豔於每一塊岩石的造型紋理。所以在書中我們也略為分享一些地質的知識，希望讓大家對我們住的地球有更多的了解，有更多的關懷。在此，謝謝高中同學游明珠（綽號小紅豬）的幫忙，她念地質研究所，現在在高中擔任地球科學老師，在我翻譯地質知識時遇到困難時，是她的熱心專業解釋，才讓書中地質的知識更完整。

「華氏零度」除了是書名，是旅遊中遇到的溫度，但「零」也是一個象徵開始的數字，就像這本書，是我旅遊系列的開始，將來還會有更多的經驗要跟大家分享，像是現在正在進行的新書，就是關於兩個天文奇景的旅程。Robert 下知地理，當然也要上通天文，他領著我去親見這樣的奇景，我也準備用我的文字和照片，帶領讀者去見識這兩大奇景。

少年天下系列 050

陳郁如的旅行風景1：**華氏零度**

作　　者｜陳郁如
圖文協力｜謝博明 Robert Schafer

責任編輯｜李幼婷
封面插畫｜61Chi
封面版型設計｜三人制創
行銷企劃｜陳雅婷

天下雜誌群創辦人｜殷允芃
董事長兼執行長｜何琦瑜
兒童產品事業群
副總經理｜林彥傑
總編輯｜林欣靜
主編｜李幼婷
版權專員｜何晨瑋、黃微真

出版者｜親子天下股份有限公司
地址｜台北市 104 建國北路一段 96 號 4 樓
電話｜（02）2509-2800　傳真｜（02）2509-2462
網址｜www.parenting.com.tw
讀者服務專線｜（02）2662-0332　週一～週五：09:00~17:30
讀者服務傳真｜（02）2662-6048
客服信箱｜bill@cw.com.tw

法律顧問｜台英國際商務法律事務所・羅明通律師
製版印刷｜中原造像股份有限公司
總經銷｜大和圖書有限公司　電話：（02）8990-2588

出版日期｜2019 年 5 月第一版第一次印行
　　　　　2022 年 4 月第一版第四次印行
定　　價｜350 元
書　　號｜BKKNF050P
I S B N｜978-957-503-391-0

訂購服務
親子天下 Shopping｜shopping.parenting.com.tw
海外・大量訂購｜parenting@cw.com.tw
書香花園｜台北市建國北路二段 6 巷 11 號　電話（02）2506-1635
劃撥帳號｜50331356　親子天下股份有限公司

國家圖書館出版品預行編目（CIP）資料

陳郁如的旅行風景 . 1：華氏零度 / 陳郁如文 .
-- 第一版 . -- 臺北市：親子天下，2019.05
208 面；14.8x21 公分 . --（少年天下系列；50）
ISBN 978-957-503-391-0(平裝)

1. 旅遊文學 2. 世界地理

719　　108004056